IURIS SCRIPTA HISTORICA

XX

IURIS SCRIPTA HISTORICA

XX

SOVEREIGNTY AND THE LAW OF NATIONS (16th-18th centuries)

Randall LESAFFER & Georges MACOURS (eds.)

Proceedings of the Colloquium,
Organised at the Palace of the Academy,
Brussels, 26 April 2002

WETENSCHAPPELIJK COMITÉ VOOR RECHTSGESCHIEDENIS
KONINKLIJKE VLAAMSE ACADEMIE VAN BELGIË
VOOR WETENSCHAPPEN EN KUNSTEN

BRUSSEL
2006

KONINKLIJKE VLAAMSE ACADEMIE VAN BELGIË
VOOR WETENSCHAPPEN EN KUNSTEN

Paleis der Academiën
Hertogsstraat 1
1000 Brussel, Belgium
http: //www.kvab.be

Printed by Peeters - Herent - Belgium

D/2006/0455/18
ISBN 90 6569 028 X
EAN 9789065690289

INTRODUCTION: TAMING THE LEVIATHAN

by

RANDALL LESAFFER
(Tilburg/Leuven)

Back in 1964, the German scholar Wolfgang Preiser claimed the history of international law to be the youngest branch of legal history.[1] To this day, it also remains among the least developed. The first general historical surveys of international law date from the Revolutionary Era and the nineteenth century.[2] It is certainly no coincidence that a historical discourse that roots back to the heyday of the sovereign state, has been framed in terms of the emergence and rise of the sovereign state. This concern with the sovereign state has determined traditional historiography in two different ways.

First, it has limited the scope of historical research on international law, both chronologically and geographically. As traditional historiography is first and foremost concerned with the history of the sovereign state system and the modern law of nations that went along with it, international legal historians stick to the eras and areas that are relevant to those. The early seventeenth century has been considered as the formative period of the modern law of nations for a long time. As the leading principle of the modern law of nations – or classical law of nations as it is paradoxically also called –[3] was state sovereignty, its inception could not have begun before the sovereign state became a reality. As far as doctrine is concerned, the first publication of Hugo Grotius's (1583-1645) major treatise on the law of nations – *De jure belli ac pacis libri tres* – in Paris in 1625 has often been quoted as the starting point of the modern law of nations. The Peace Treaties of Westphalia of 24 October 1648 fulfil that role for state practice. Because the modern law of nations, just as the sovereign state itself, is of European origin, its historiography is highly Eurocentric.

Over time, the date of origin of the modern law of nations has been moved somewhat backwards in time, though this only had limited practical implications. In the decades around 1900, the role and significance of the so-called precursors of Grotius, chiefly among them the Spanish neo-scholastics and several jurists such as Balthazar Ayala (1548-1584) and Alberico Gentili (1552-1608) were re-evaluated.[4]

1 W. PREISER, *Die Völkerrechtsgeschichte. Ihre Aufgaben und Methoden*, Wiesbaden, 1964, 5.

2 The first survey was that by R. WARD, *An Enquiry into the Foundation and the History of the Law of Nations of Europe*, Dublin, 1795.

3 W. G. GREWE, Was ist klassisches, was ist modernes Völkerrecht ?, in *Idee und Realität des Rechts in der Entwicklung der internationaler Beziehungen. Festschrift für Wolfgang Preiser*, ed. A. Böhm, K. Ludersen and K.-H. Ziegler, Baden Baden, 1983, 111-131.

More recently, diplomatic and international legal historians such as Wilhelm Janssen and Wolfgang Preiser dated the emergence of the state, although in an embryonic form, around 1300.[5] Whereas, over the last century, historians of international law have included the writings of the sixteenth-century 'classics of international law' in their deliberations, even today few or no studies exist about the late-medieval doctrine on *ius gentium.*[6] Pre-Westphalian legal practice is still largely uncharted territory.[7]

Second, the modern law of nations (1648-1919/1945) has been interpreted one-sidedly as a system wherein state sovereignty was the dominant factor. Its story has been told straightforwardly as the tale of the emergence and rise of the sovereign state, from the composite monarchies of the seventeenth century to the nation-state of the nineteenth century. All doctrines, practices and institutions that corroborated this interpretation were highlighted; those that did not go along with it were driven into the shadows, or at best considered outdated or exceptional.

If we analyse the 'popular view' on the modern law of nations as it exists among scholars in the two natural constituencies of international legal history – international law and legal history – we discern an almost unanimous agreement about the general outlines. This *communis opinio* has, until one or two decades ago, only been rarely challenged by the few scholars who might call themselves true specialists in the history of international law and has often even received support from them.

In traditional scholarship, the modern law of nations is often described in terms of what can be called a Hobbesian system. Under this interpretation, the law of nations and international relations are as much under the supreme rule of the Leviathan as the state itself. *Primo,* sovereign states are the sole subjects of the law of nations. Therefore, a strict separation – dualism – of the international and the national legal spheres is upheld. The individual has no rights in the international

---

4 J. KOHLER, Die spanische Naturrechtslehrer des 16. und 17. Jahrhunderts, *Archiv für Rechts- und Wirschaftsphilosophie* 1916-1917, 235-263; E. NYS, *Le droit de la guerre et les précurseurs de Grotius,* Brussels, 1882; J. B. SCOTT, *The Spanish Origin of International Law. Francisco de Vitoria and his Law of Nations,* Oxford/London, 1934; Carl VON KALTENBORN, *Die Vorläufer des Hugo Grotius auf dem Gebiete des Jus Naturae et Gentium,* Leipzig, 1848; T. A. WALKER, *A History of the Law of Nations*, Cambridge, 1899, vol. 1. On Scott's role in the 'rediscovery' of Vitoria and Suarez: Christopher R. ROSSI, *Broken Chain of Being. James Brown Scott and the Origins of Modern International Law,* The Hague/London/Boston, 1998.

5 W. JANSSEN, Die Anfänge des modernen Völkerrechts und der neuzeitlichen Diplomatie, *Deutsche Vierteljahr Schrift für Literatur und Geistesgeschichte,* 1964, 39; W. PREISER; Über die Ursprunge des modernen Völkerrechts, in *Internationalrechtliche und staatsrechtliche Abhandlungen. Festschrift für Walter Schatzel zum 70. Geburtstag,* ed. E. Bruel, Düsseldorf, 1960, 373-387.

6 See, however, the chapters by Karl-Heinz ZIEGLER, Alain WIJFFELS, Dominique BAUER and Laurens WINKEL in *Peace Treaties and International Law in European History: From the Late Middle Ages to World War One,* ed. R. Lesaffer, Cambridge, 2004. Also J. MULDOON, The Contribution of the Medieval Canon Lawyers to the Formation of International Law, *Traditio* 1972, 483-497; IDEM, Medieval Canon Law and the Formation of International Law, *Zeitschrift der Savigny-Stiftung für Rechtsgeschichte, kanonistische Abteilung* 1995, 64-82.

7 R. LESAFFER, The Westphalian Peace Treaties and the Development of the Tradition of Great European Peace Settlements prior to 1648, *Grotiana* new series 1997, 71-95.

sphere and the law of nations can never be directly applied or invoked in the sphere of municipal law. Moreover, the state has exclusive jurisdiction over its own territory. *Secundo,* the sovereign states are the sole authors of the law of nations. The law of nations is volitional to the extent that states are only subject to the rules and regulations they have accepted themselves, either expressly or tacitly. Treaties and custom are therefore the only sources of the law of nations. *Tertio,* the sovereign states are the sole enforcers of the law of nations. By consequence, an almost absolute discretion to wage war is granted. In traditional historiography, the *ius ad bellum* of the later seventeenth, eighteenth and nineteenth centuries is often considered to be just that: an – absolute – right to wage war. This also entails a prohibition to intervene in the affairs of other states. States have a right to enforce their rights and claims, but not to the detriment of the exclusive jurisdiction of a state over its territory.[8]

Since the end of World War I, international law has undergone several fundamental changes. The supreme rule of the sovereign state has been severely challenged, even if it has not come to an end. But for a long stretch of time, this upheaval of the international legal system has done little or nothing to quell the 'obsession' with the sovereign state in historiography. It was only during the 1990s, after the end of the Cold War, that things have started to change.

Over the last decade or so, the interest in the history of international law has begun to rise sharply. The number of scholars involved is still too small to speak of a real boom and research remains too unsystematic and uncoordinated to hope for a lasting change for the better. Still the change is remarkable. While before, there were never more than a handful of scholars who might be considered specialists in the field, now there are several dozens. Since 1999, a specialised journal has appeared twice a year.[9] The Max Planck Institute for European Legal History in Frankfurt has sustained a large programme on German international legal scholarship in the nineteenth and twentieth centuries.[10] At New York University and at Tilburg University, two small research groups on the history (and theory) of international law have been formed.

This rise in the interest of the history of international law has largely been ancillary to the ongoing debate on current international law. It is a direct consequence of the great upheaval the international legal order has been going through since the end of the Cold War in 1989-1991. Most 'historical studies' enter into the debate on the essence of international law as it was before 1989-1991 and try to make a contribution to the debate on current evolutions.

Nevertheless, recent scholarship has also made a contribution to the study of

[8] On the traditional interpretation of the modern law of nations, R. LESAFFER, The Grotian Tradition Revisited: Change and Continuity in the History of International Law, *British Yearbook of International Law* 2002, 103-139, at 103-110.

[9] *Journal of the History of International Law,* founded by Professor R. St. J. Macdonald (Halifax) and now in the hands of the Max Planck Institute for European Legal History in Frankfurt and its counterpart of International Law in Heidelberg.

[10] Several monographs have already been published by Nomos Verlag in Baden Baden in the series 'Studien zur Geschichte des Völkerrechts'.

the modern law of nations. Some, if few, scholars have started to challenge the traditional limitations and interpretations about the modern law of nations. The positivist character of several 'classics of international law' from the eighteenth century such as Cornelius van Bynkershoek (1673-1743) and Emer de Vattel (1714-1767) has been challenged as a result.[11] The traditional view that the Treaties of Westphalia laid the groundwork for the modern law of nations has been unmasked as a myth.[12] The outer-European world gets more attention,[13] but only rarely have scholars ventured beyond the limits of 1648 and looked at pre-Westphalian state practice.[14]

On 26 April 2002, the Committee for Legal History of the Royal Flemish Academy of Belgium for Science and the Arts organised a conference in the Palace of the Academy in Brussels on 'State Sovereignty and the Law of Nations (16th-18th centuries)'. The convenors of the conference were Georges Macours and I. Three of the five papers that were presented that day are published in this small volume.

The convenors subscribe to the most recent trends in the historiography of the modern law of nations as expounded above. The papers all deal with an aspect of sovereignty in the law of nations from the early sixteenth to the late eighteenth centuries. As such, the conference also broke through the traditional temporal

11 K. AKASHI, *Cornelius van Bynkershoek: His Role in the History of International Law,* The Hague/London/Boston, 1998; E. Jouannet, *Emer de Vattel et l'émergence doctrine du droit internationale classique,* Paris, 1998.

12 On the Westphalian myth and the challenge against it: S. BEAULAC, The Westphalian Legal Orthodoxy – Myth or Reality?, *Journal of the History of International Law* 2000, 148-177; also in IDEM, *The Power of Language in the Making of International Law: The Word Sovereignty in Bodin and Vattel and the Myth of Westphalia,* Leiden/Boston, 2004, 71-97; D. CROXTON, The Peace of Westphalia of 1648 and the Origins of Sovereignty, *International History Review* 1999, 569-591; A. EYFFINGER, Europe in the Balance: An Appraisal of the Westphalian System, *Netherlands International Law Review* 1998, 161-187; P. HAGGENMACHER, La paix dans le pensée de Grotius, in *L'Europe des traités de Westphalie. Esprit de diplomatie et diplomatie de l'esprit*, ed. L. Bély, Paris, 2000, 68-79; R. LESAFFER, The Westphalian Peace Treaties; A. OSIANDER, Sovereignty, International Relations and the Westphalian Myth, *International Organization* 2001, 251-287; M. SCHRÖDER, Der Westfälische Friede – eine Epochengrenze in der Völkerrechtsentwicklung?, in *350 Jahre Westfälischer Friede. Verfassungsgeschichte, Staatskirchenrecht, Völkerrechtsgeschichte,* ed. M. Schröder, (Schriften zur europäischen Rechts- und Verfassungsgeschichte, XXX), Berlin, 1999, 119-137; H. STEIGER, Der Westfälischen Frieden – Grundgesetz für Europa?, in *Der Westfälische Friede. Diplomatie, politische Zäsur, kulturelles Umfeld, Rezeptionsgeschichte,* ed. H. Duchhardt, Munich, 1998, 33-80; K.-H. ZIEGLER, Die Bedeutung des Westfälischen Friedens von 1648 für das europäische Völkerrecht, *Archiv des Völkerrechts* 1999, 129-151; IDEM, Der Westfälischen Frieden von 1648 in der Geschichte des Völkerrechts, in *350 Jahre Westfälischer Friede,* 99-117.

13 A. ANGHIE, *Imperialism, Sovereignty and the Making of International Law,* Cambridge, 2005; E. KEENE, *Beyond the Anarchical Society: Grotius, Colonialism and Order in World Politics,* Cambridge, 2002; R. TUCK, *The Rights of War and Peace. Political Thought and International Order from Grotius to Kant,* Oxford, 1999.

14 However, for the centuries directly preceding Westphalia, see the contributions mentioned in note 6, 7 and 8 and R. LESAFFER, *Europa: een zoektocht naar vrede? (1453-1763/1945-1997),* Leuven, 1999. Also H. STEIGER, Bemerkungen zum Friedensvertrag von Crépy en Laonnais vom 18. September 1544 zwischen Karl V. und Franz I., in *Recht zwischen Umbruch und Bewahrung. Festschrift für Rudolf Bernhardt,* Heidelberg, 1995, 241-265.

limits set to the study of the modern law of nations. While it is correct that the modern law of nations was only truly established after Westphalia, the continuities between the eras before and after 1648 need to be taken into account as well. In order to be able to do so, historians must first turn their attention to the pre-Westphalian law of nations.

Of the three papers published here, two cover the period before Westphalia and one covers the Revolutionary Era. Paul van Peteghem (Catholic University of Nijmegen) delves into the treaty practice of the early sixteenth century. He analyses three important peace treaties between the Emperor Charles V and Francis I of France: Madrid (1526), Cambrai (1529) and Crépy-en-Laonnais (1544). Thanks to a close scrutiny of the sources, he is able to give a clearer view on the universal aspirations Charles V pursued as late as 1544.

Guus van Nifterik (then of the Free University of Amsterdam, now of the University of Amsterdam) discusses the works of some of the great authors of the law of nations and political doctrine from Vitoria (1483/1493-1546) to Grotius on the matter of intervention. His paper shows that intervention for the protection of another prince's subjects had a strong foothold in sixteenth- and early seventeenth-century doctrine, and that this intervention was not restricted to matters of religion. As such, something which could very well be considered a forerunner of our present-day international humanitarian intervention took an important place in the minds of some of the fathers of the 'modern law of nations'. This paper could certainly inspire new research into the writings of later classics of international law and possibly lead to reassessing traditional interpretations.

Marc Belissa (Paris X Nanterre) argues that the nation-state only came to the fore of the French Revolutionaries' discourse after 1793. Before, it was not a concern with the nation-state, but with 'fraternité universelle' and the 'cosmopolitique' that dominated the discourse of the philosophers of the Enlightenment and the leaders from the first years of the Revolution. Far from defending an unlimited sovereignty of the state, they subjected it to the concerns of mankind and to natural law and even thought of a more federative approach to international relations and law.

As it stands, this books says nothing about the late seventeenth and early eighteenth centuries, when the 'modern law of nations' of the pre-Revolutionary Era was truly established. In an earlier paper, I made a case for a less one-sided and more dualistic interpretation of the 'modern law of nations', in particular of that period.[15] The decades after Westphalia might have seen the elaboration of an international legal order that was based on the sovereign state, but at the same time it was an attempt to organise and thus restrict the free arbiter of the now sovereign powers of Europe. As such, it was a reaction against the chaos and anarchy the achievement of external sovereignty, itself a consequence of the Reformation and the failure of Charles V's imperial dreams, had wrought upon the Latin West.

At the conference, two more papers were presented that covered two aspects of international legal practice of this period. Stephen Neff (University of

[15] LESAFFER, Grotian Tradition.

Edinburgh) spoke on Treaties of Friendship, Commerce and Navigation. Georges Macours (Catholic University of Leuven, campus Kortrijk) shed some light on the practice of extradition treaties between France and the Austrian Netherlands, an example of how the European powers tried to come to terms with some of the consequences of the sovereign state system. These scholars' views have been published elsewhere.[16]

The editors of this volume would like to thank all who participated to the 2002 conference and contributed to this book. We are also indebted to the Royal Flemish Academy of Belgium for Science and the Arts, its Permanent Secretary and staff. A special word of thanks goes to Mrs. Jo Alaerts, secretary of the Leuven Law Faculty's Department of Roman Law and Legal History, for her help in organising the conference and editing this book.

16 See G. MACOURS, *Ne crimina impunita maneant. De 18e eeuwse Frans-Zuidnederlandse uitleveringspraktijk,* Kortrijk, 1996; S. Neff, *The Rights and Duties of Neutral: A general history,* Manchester, 2000; IDEM, Peacemaking and Prosperity: Commercial Aspects of Peacemaking, in *Peace Treaties and International Law,* 365-381.

INTERNATIONALE VERDRAGEN GESLOTEN TUSSEN KAREL V EN FRANS I. ONDERZOEK NAAR STRUCTURELE VERANDERINGEN IN DE CHRISTENHEID EN DE WERELD

door

PAUL VAN PETEGHEM
(K.U. Nijmegen)

1. Inleiding

Volgens de opdracht gegeven door de congresorganisatie moest in dit artikel worden nagetrokken in hoever soevereiniteit als basisgegeven van het volkenrecht groeide.[1] Zowel de theorie als de praktijk moesten worden onderzocht in het kader van de zestiende eeuw. Volgens de traditionele opvattingen werd het volkenrecht tijdens de Nieuwe Tijd bepaald door de soevereine machten zelf. Ze waren slechts gebonden aan regels die ze zelf hadden aanvaard. Met het oog op oorlogvoering waren er vrijwel geen beperkingen. Maar, aldus de toelichting bij het thema van de conferentie, in hoever was de werkelijkheid in overeenstemming met deze stellingen? Politieke, economische en juridische realiteiten vormden voortdurend een uitdaging voor een systeem, gebaseerd op soevereiniteit en dualisme.

Vanuit deze grondtekst met een reeks vooronderstellingen zijn we op zoek gegaan naar een werkterrein, waar soevereiniteit en volkenrecht het best konden getoetst worden in theorie en praktijk. Weliswaar is er nog onlangs bij de grootse herdenking en viering van het geboortejaar van Karel V (1500-2000) veel geschiedkundig werk verschenen, maar de internationale politiek en de groei van het volkenrecht vormden daarbij niet de sterkste kanten van de herdenkingsliteratuur.[2] De bewustwording van een Europese, c.q. mondiale visie met alle erbij horende gevolgen was voor de tijdgenoot een langzaam proces dat nog moeilijk kan getoetst worden door de hedendaagse onderzoeker. Vanuit deze vaststelling konden wij alleen hopen in het artikel diepgang te brengen door grondige bestudering van theoretische en praktische ongekende vraagstukken.

1 Handout voor de auteurs van deze congresbundel. De literatuur, die sinds het colloquium verscheen, kon niet meer worden onderzocht.

2 Zie daarover het rapport *Memoria de Actividades 1997-2001. Sociedad Estatal para la Conmemoración de los centenarios de Felipe II y Carlos V*, Madrid, 2001. Zie ook W. BLOCKMANS en N. MOUT, The Harvest of a Celebration. What do we still have to learn about Charles the Fifth in 2000?, in *The World of Emperor Charles the Fifth*, Amsterdam, 2004, 1-11.

In zijn *International Law in Historical Perspective* stelde professor Verzijl dat: 'We have become ensnared in our own esoteric language and can hardly disentangle ourselves from it. Such is the situation not only with regard to the international personality, but also to other juridically stamped terms, such as the wrongly popularised concept of sovereignty'.[3]

In een recenter overzicht in de *Encyclopedia of Public International Law* heeft Wolfgang Preiser getracht de geschiedenis van het volkenrecht in hoofdlijnen weer te geven. De door ons hierna bestudeerde periode valt er onder het hoofdje 'History of the Law of Nations from Ancient Times to 1648'.[4] Daarin beweert Preiser dat de wetenschappelijke studie van de geschiedenis van het internationale recht dateert van het einde van de achttiende eeuw. 'Sein Anliegen galt dem Nachweis, dass internationales Recht auch ausserhalb einer von Staaten dominierten Weltordnung besteht', zo heeft zijn biograaf vastgesteld. Het blijft de verdienste van Preiser binnen een mondiale context een breed perspectief te hebben gekozen voor de geschiedenis van het volkenrecht. De invloed van Europa op dit mondiale gebeuren heeft hij de eeuwen door met de grootst mogelijke aandacht gevolgd.[5]

De staatsverdragen vanaf de Oudheid tot de vroegmoderne periode bleven virtueel onbekend en/of niet bestudeerd. Ten gevolge van deze gebrekkige benadering van de geschiedenis van het volkenrecht kan men nu meer speciaal de periode vóór de verdragen van Westfalen (1648) aanstippen als het tijdsgewricht, waarin de grootste lacunes voorkomen. Omgekeerd beginnen heel wat auteurs hun overzicht van de geschiedenis van de soevereiniteit in 1648.[6]

Vooral het feit dat vele auteurs hun onderzoek naar soevereiniteit en volkenrecht na 1648 beginnen wijst erop hoe moeilijk deze opdracht is. Deze moeilijkheidsgraad houdt zeer sterk verband met de toestand van het bronnenmateriaal. Daarom zal hieraan een belangrijk kapittel worden besteed, omdat niet alleen op het terrein van het volkenrecht, maar ook op het vlak van de internationale politiek en van de diplomatie de lacunes niet minder zijn, zodat de opvulling van deze tekorten binnen één generatie niet weg te werken zijn, zelfs wanneer de Informatie- en Communicatietechnologie binnenkort nog een versnelling zou meemaken, zoals wij die in de twintigste eeuw vaststelden.

In onze tijd horen we ondertussen al jaren, dat de wereld één dorp wordt, maar de studie van het verleden van de internationale betrekkingen op mondiaal vlak staat vanuit de hieronder behandelde optiek nog in de kinderschoenen. In 1999 verscheen een eerste nummer van het *Journal of the History of International Law*. In een nota van de uitgever werd daar het doel van het nieuwe tijdschrift omschreven als 'to contribute to the effort to make intelligible the international legal past, however varied and eccentric it may be, to stimulate interest in the

3 J. Verzijl, *International Law in Historical Perspective,* Leiden, 1968, vol. 1, 419.

4 W. Preiser, History of the Law of Nations from Ancient Times to 1648, in *Encyclopedia of Public International Law*, Amsterdam, 1995, vol. 2, 716-749.

5 M. Schmoeckel, Wolfgang Preiser, in *Neue Deutsche Biographie,* 2001, vol. 20, 688-689.

6 N. Schrijver, The Changing Nature of State Sovereignty, *British Yearbook of International Law* 1999, 65-98.

whys, the whats and wheres of international legal development, without projecting present relationships upon the past, and to promote the application of a sense of proportion to the study of modern international legal problems. The aim of the Journal is to open fields of inquiry, to enable new questions to be asked, to be awake to and always aware of the plurality of human civilizations and cultures, past and present, and an appreciation of patterns of cultural flow and interaction that centrally affect international law and development'.[7]

De krachtlijnen en determinanten van het internationale politieke gebeuren zijn ongetwijfeld al bestudeerd en daarbij valt het door ons bestudeerde tijdperk onder het hoofdstuk 'Van *respublica christiana* tot *ius publicum Europaeum* (1453-1610)'.[8] Binnen dit kader hopen wij op meer dan één punt vernieuwing te brengen in de benadering van het begrip 'soevereiniteit', van het toenmalige 'volkenrecht' en meer bepaald bij de bestudering van de regeringsperioden van Karel V en Frans I. Sinds het einde van de vijftiende eeuw ontpopt zich de Spaanse monarchie als de bakermat voor het internationaal recht, onder meer door intensievere kennis van de Nieuwe Wereld, waarbij het verdrag van Tordesillas (7 juni 1494) en later die van Zaragossa (17 april en 22 april 1529) een belangrijke plaats innemen.[9] In welke zin kan men waarnemen, dat bij genoemde heersers, die in de zestiende eeuw de protagonisten zijn van het internationaal gebeuren, het bewustzijn van soevereiniteit en volkenrecht aanwezig was?

Toch blijft de grootste voorzichtigheid geboden. Vooraleer Jean Bodin zijn omschrijving van soevereiniteit uitwerkte, kan men niet verwachten de definitie van soevereiniteit terug te vinden, zoals die nu dankzij Jean Bodin het best bekend is. Ook al heeft Bodin zich op het internationale vlak niet onbetuigd gelaten,[10] dan was zijn definitie in de eerste plaats van belang voor de interne Franse politiek in de nieuwe staatsvorming.

Hieronder schrijven wij over aspecten van soevereiniteit en volkenrecht in de periode vóór Jean Bodin. Het hierboven aangeboden overzicht moet de lezer reeds alert maken voor de moeilijkheden van de geschiedenis van het internationaal recht. Pasklare antwoorden kan men niet verwachten, want deze oefening bevindt zich op de grenzen van nieuw onderzoek. Om de waarde van deze exploratie te verhogen is ervoor gekozen vanuit het kikkerperspectief van een drietal internationale verdragen en hun intellectuele context dichterbij de doelstelling van het congresthema te komen. De Vredes van Madrid, Kamerijk en Crépy-en-Laonnais, maar vooral de laatste, zullen de kern vormen voor een *status quaestionis*, die de grondige bestudering van het congresthema wil voorbereiden.

[7] R. MACDONALD, Editorial, *Journal of the History of International Law* 1999.

[8] R. LESAFFER, *Europa: een zoektocht naar vrede ? 1453-1763 en 1945-1997*, Leuven, 1999, 3-273.

[9] F. DAVENPORT, *European Treaties bearing on the History of the United States and its Dependencies*, Washington, 1929, 84 sq., 146 sq., en 169 sq.

[10] H. LEGOHÉREL, Jean Bodin et l'Europe de son temps, *Journal of the History of International Law* 1999, 38-47.

2. Verschuivingen binnen het internationale verdragsrecht?

Om tot de kern van de problematiek door te dringen leggen we dus de nadruk op enkele internationale verdragen, gesloten tussen Karel V en Frans I. Oorlog en vrede hebben altijd tot de meest belangrijke internationale onderwerpen behoord, die binnen de actieradius van de soevereiniteit en het volkenrecht opgenomen waren. Daarom sluiten we de vergelijking ook af met de dood van Frans I (1547), omdat zich onder Hendrik II (1519-1547-1559) reeds een andere situatie aftekent. Wij leggen hier de nadruk op de Vrede van Madrid (1526), de zogenaamde Damesvrede van Cambrai (1529) en sluiten met de Vrede van Crépy-en-Laonnais (1544).

Onder de vele andere verdragen tussen beide vorsten gaan we ondertussen ook voorbij aan de Wapenstilstand van Nice (1538),[11] de Vredesbesprekingen van Aigues-Mortes en andere besprekingen tussen genoemde vorsten. In dit verband verscheen onlangs het artikel 'Amicitia in Renaissance Peace and Alliance Treaties 1450-1530'.[12] Een dergelijke thematische behandeling kan men hier niet verwachten, omdat in dit artikel gezocht wordt naar vooruitgang in soevereiniteit. Wij vergelijken drie verdragen vanuit het standpunt van het congresthema. Ondertussen geven we vooreerst enige toelichting bij de algemene context van genoemde drie verdragen.

Vanaf het begin van zijn regeerperiode is Karel V opgevoed met het oog op wat zijn entourage beschouwde als de plicht en de opdracht van de voornaamste christelijke vorst.[13] Hij moest zich inzetten om zijn drie kronen te bemachtigen, om de zaak van het geloof als een persoonlijke taak op te vatten, om de ketterij te bestrijden en om het gevecht aan te gaan tegen de Turken als vijanden van het Christendom en als bezetters van de heilige plaatsen. In een andere taakomschrijving werd hem opgedragen om Italië te veroveren en alzo de vrede op dit schiereiland terug te brengen. Verder moest hij daarna de wereldvrede herstellen. Na het bereiken van deze doelstellingen moest hij ten strijde trekken tegen de Turken en tegen de ketters. Beide voorstellingen kaderen in een soortgelijke taakstelling.[14]

In de regeringsperiode van Karel V duiken de confrontaties met Frans I als een rode draad op. In 1525 werd Frans I verpletterend verslagen bij de slag van Pavia. De Franse koning werd toen gevangen genomen, als oorlogsgevangene naar Madrid gevoerd en er vastgehouden tot de Vrede van Madrid (1526). Na het overlijden van koningin Claude, dochter van Lodewijk XII, huwde Frans I met Eleonora, zus van Karel V en weduwe van de koning van Portugal. Ondertussen

[11] L. CARDAUNS, *Von Nizza bis Crépy. Europäische Politik in den Jahren 1538-1544*, Rome, 1923 blijft nog steeds de moeite waard in ons verband.

[12] R. LESAFFER, *Journal of the History of International Law* 2002, 77-99.

[13] Wanneer Erasmus zijn *De principe christiano* afwerkt in 1516, hebben zijn Spaanse opvoeders in de praktijk reeds heel wat voorzien met het oog op soortgelijke doelstellingen.

[14] G.A. BERGENROTH, *Calendars of letters, despatches and State Papers, relating to negociations between England and Spain, preserved in the archives of Simancas, Vienna, Brussels and Besançon: supplement to vol. 1 and 2; 1: Queen Katherine. – 2: Intended marriage of King Henry VII with Queen Juana*, Londen, 1868, 378 – 379.

zouden twee zonen van de Franse koning, Frans en Hendrik, in Spanje gevangen gehouden worden tot het losgeld betaald was. Nog in hetzelfde jaar van zijn vrijlating stuurde de Franse koning aan op coalitievorming tegen Karel V. In de Liga van Cognac sloten op 22 mei 1526 paus Clemens VII, Milaan, Firenze en Venetië aan: de oorlog werd hernomen tot de Vrede van Cambrai (1529).[15]

Verdere onbesliste oorlogen werden uitgevochten in 1536 tot 1538 (afgesloten met de Wapenstilstand van Nice) en 1542 tot 1544 (beëindigd met het Vredesverdrag van Crépy-en-Laonnais). In deze periode heeft Frans I niet alleen beroep gedaan op Duitse Protestantse vorsten, maar ook werd in deze periode het eerste verdrag met de Turkse Sultan gesloten, waardoor Süleyman de Magnifieke zich ertoe verbond om de keizer op te jagen in Oost-Europa en in het Middellandse Zeegebied.[16]

Ondertussen was Portugal bezig met de kolonisatie van Brazilië. Cortés veroverde het rijk van de Azteken in Mexico, waarna de veroveringen doorgingen in zowel Noord- als Zuid-Amerika.[17] In diezelfde periode leidde de expeditie van Magellaan tot de eerste rondvaart van de aarde, waardoor de westelijke route naar de specerij-eilanden werd geopend en het bewijs werd geleverd dat de Nieuwe Wereld gescheiden was van Azië. Verdere exploraties en ontdekkingen verruimden het wereldbeeld en brachten gevestigde waarden en normen in diskrediet.

Vanaf 1534 tot 1536 eiste Jacques Cartier de vallei van de St. Lawrence voor Frankrijk op, terwijl hij zich ondertussen met de aardrijkskunde van de golf en met het onderzoek naar de uitgestrektheid van de Saint Lawrence bezig hield. Tot het verdrag van Crépy-en-Laonnais werd afgesloten zouden nog twee Franse expedities naar hetzelfde gebied volgen.[18]

Vanuit een ander standpunt noteren we dat Juan de Zumárraga, een Franciscaan, in 1527 als eerste bisschop van Mexico werd aangesteld en dat paus Paulus III in 1537 een verklaring aflegde over de rechten van de inwoners van de Nieuwe Wereld. In een reeks pauselijke bullen kwamen de individuele rechten en de wettelijke bescherming van de plaatselijke bevolking aan bod. In die zin vormden deze verklaringen een voorbode van de wetgeving, die door Karel V werd voorzien in 1542 onder de benaming ‘Leyes Nuevas de Indias’.[19]

Binnen Europa bleef de universitaire wereld niet ongevoelig voor de grote veranderingen. Francisco de Vitoria, hoogleraar in de theologie aan de Universiteit van Salamanca, doceerde en publiceerde ‘over de Indianen en over het oorlogsrecht

[15] Wij verwijzen hier naar het jaar 1544, waarin Karel V naar aanleiding van het gezantschap van kardinaal Alessandro Farnese in Mainz herinnerd werd aan deze periode, cf. infra.

[16] G. NORADOUNGHIAN, *Recueil d'actes internationaux de l'empire Ottoman: traités, conventions, arrangements, déclarations, protocoles, procès-verbaux, firmans, bérats, lettres patentes et autres documents relatifs au droit public extérieur de la Turquie,* Nendeln 1978, vol. 1.

[17] S. ZAVALA, Latin America, Mexico, in *History of Humanity. Scientific and cultural Development,* Parijs/New York/Londen, 1999, vol. 5, 380-387.

[18] R. LE BLANT, Cartier (Jacques), in *Dictionnaire de biographie française*, 1956, vol. 7, kol. 1277-1280. Zie ook: www.musee-jacques-cartier.com.

[19] M. FERNANDEZ ÁLVAREZ, *Carlos V, el César y el Hombre*, Madrid, 2000 , 197, 216, 643, 668 en 717.

van de Spanjaarden tegen de inwoners van de Nieuwe Wereld'.[20] Hierin onderzocht hij de rechtsgronden, waarop de Spanjaarden zich konden beroepen om hun heerschappij in de Nieuwe Wereld uit te bouwen.

Omwille van het voorafgaande moeten hier in dit kort bestek andere teksten, maar vooral andere verdragen uit de periode van Karel V, die niet op zichzelf staan, maar die ook een onderdeel vormen van het wereldbeeld waarover we hier spreken, noodgedwongen buiten beeld geplaatst worden. Trouwens tot dusver is men er alleen in Spanje in geslaagd om de verdragen uit de tijd van Karel V in een wetenschappelijk verantwoorde editie aan het publiek voor te stellen.[21] Waar men daarbuiten ook gaat of staat, blijken de lacunes steeds groter te zijn dan de gerealiseerde en/of voorgestelde projecten.

Het is dan ook te vroeg om hier reeds uit te weiden over de verschuivingen, die zich binnen het verdragsrecht voordoen. Een eerste vereiste daarvoor zou erin bestaan, dat we ons best doen om enige zekerheid te krijgen over het volledige bestand aan verdragsteksten. Zolang er in de betrouwbaarheid van het bronnenmateriaal ter zake geen wijziging komt en zolang wetenschappers blijven verwijzen naar verouderde edities, zullen publicaties over verdragen de proef van een gedegen kritiek niet lang kunnen weerstaan.

Deze oefening, die in de diepte hoopt te peilen, wil in de mate van het mogelijke een minimale zekerheid verkrijgen over het gebruikte basismateriaal, zodat de conclusies verder reiken dan voorbarig geformuleerde hypothesen en dat resultaten niet sneven bij de eerste raadpleging van het origineel, daar waar de vroeger uitgegeven verdragsteksten ons soms al te lang in het ootje hebben genomen.

3. Inhoudelijke benadering van drie verdragen

De verdragen van Madrid, Kamerijk en Crépy-en-Laonnais worden hieronder vanuit een dynamische benadering onderzocht. De kernvraag bestaat erin te achterhalen op welke punten van de soevereiniteit, van het volkenrecht en het internationaal recht verschuivingen zijn opgetreden, die we binnen het kader van het congresthema als een fundamentele verandering kunnen duiden.

Wanneer het overgrote deel van de beschaafde wereld de vraag kreeg voorgeschoteld welke het belangrijkste verdrag is onder de drie voorgestelde, dan zou de naam van het kleine dorpje in het huidige Aisne-departement, arrondissement Laon, geen schijn van kans maken.[22] Nochtans is het de bedoeling om de waardeverhoudingen binnen deze verdragsteksten onderste boven te gooien.

[20] *De Indis et de iure belli relectiones being parts of relectiones theologicae XII.* Voor een uitgave van Ernest Nys met een Engelse vertaling door John Pawley Bate, zie http://www.constitution.org/victoria/victoria_htm alsook The Classics of International Law, Washington, 1917.

[21] P. Mariño en M. Moran, eds., *Tratados internacionales de España: Carlos V.* , 5 dln., Madrid, 1978-1982. Zie ook de bijdrage van G. van Nifterik in deze bundel.

[22] In de kerk van Notre-Dame (M.H.) is een 'inscription commémorative' aangebracht: 'En cette église a été signé le traité de Crespy en Laonnais An de grace 1544 le jeudi 18 Sep^e^ entre Charles-Quint et François Ier'.

Daarom komt hieronder vooral Crépy-en-Laonnais aan bod.

In het *Compendium Volkenrechtsgeschiedenis* wordt in de 'Chronologische lijst van belangrijkste in de tekst vermelde politieke en volkenrechtelijke feiten' niet het Verdrag van Crépy naar voren gehaald, maar het 'Verdrag van Spiers tussen Denemarken en Noorwegen' uit hetzelfde jaar, 1544. Dit verdrag was toen afgesloten naar aanleiding van de Rijksdag van Spiers, vooraleer de keizer zich op weg begaf naar Frankrijk.[23] Meer voorbeelden en argumenten zouden hier kunnen vermeld worden waarom Crépy nog niet de plaats krijgt, waarop het recht heeft.

Sommigen hebben geleerd dat het Verdrag van Madrid belangrijk was, omdat Frans I beloofde het hertogdom Bourgondië[24] af te staan aan de keizer. Deze belofte werd drie jaar later herhaald in het Verdrag van Kamerijk. Vijftien jaar later ziet Karel V af van het hertogdom Bourgondië. Alleen een onderzoek naar deze belofte zou al de moeite lonen. Ook een onderzoek naar het gebruik van de term 'soevereiniteit' in de drie verdragen zou resultaten brengen.[25] Nog meer onderzoeksonderwerpen zouden onze kennis kunnen verdiepen, zoals hierna zal blijken. Maar eerst enkele informaties over Madrid en Cambrai.

Dat het verantwoord is over beide eerste verdragen hier wat korter uitleg te geven moge blijken uit een de hierna nog uitvoeriger besproken brief van 19 september 1544 van Karel V aan zijn zus, waarin hij zegt: 'Il y a aussi un long traicté apart, touchant mes subjects et gens ayans suivy mon party, où sont reprins tous les articles des traictez de Madril et Cambray...' Wanneer Karel V over dit 'lang traktaat' spreekt, dan is daarmee bedoeld dat in het verdrag van Crépy uitvoerig wordt ingegaan op beide eerste verdragen.

Het bilateraal Verdrag van Madrid bestond uit een vijftigtal artikels. Karel V werd er opgevoerd als 'Chef des princes séculiers de la Chrestienté, auquel principalement appartient defension & protection d'icelle'. De vrede stond in het teken van de universele vrede en van de strijd tegen ongelovigen en ketters. Soevereiniteit werd er meer dan eens besproken.[26] Onnodig uit te weiden over de belangenverstrengeling, die het kader van deze bijdrage overstijgt. Met het oog op een vergelijkingspunt tussen de drie verdragen verwijzen we naar het voorgestelde huwelijk van de zus van de keizer met de koning van Frankrijk. Om tot vrede te komen kon een huwelijk een potentiële band meer betekenen ...

Het bilateraal Verdrag van Kamerijk bestond eveneens uit een vijftigtal artikels. Inhoudelijk was er geen grote verschuiving te constateren met het hiervoor vermelde verdrag. Soevereiniteit kwam in meer artikels ter sprake, maar inhoudelijk vertoonde het woord dezelfde inhoud.[27] Het huwelijk van Frans I met

23 A. Eyffinger, ed., *Compendium Volkenrechtsgeschiedenis*, Deventer, 1991, 48-49 en 220.

24 A. De Ridder, *Les droits de Charles-Quint au duché de Bourgogne. Un chapitre de l'histoire diplomatique au XVIe siècle*, Leuven/Parijs, 1890.

25 In dit verband zij verwezen naar de erkenning in 1544 van de soevereine rechten van de prins van Oranje door de Franse koning bij gelegenheid van de Vrede van Crépy: W. Leemans en E. Leemans-Prins, *Guillaume de Nassau et la principauté d'Orange, 1544-1559. L'acquisition de la possession reélle par le prince*, Haarlem, 1969, 22-32 en *La principauté d'Orange de 1470 à 1580. Une société en mutation*, Hilversum, 1986, vol. 1, 28-29.

26 Wij verwijzen naar de artikels 4, 10 en 35.

27 Wij verwijzen naar de artikels 6, 7, 10, 11, 15, 16, 21 en 38.

Eleonora bleef er belangrijk.

Het Verdrag van Crépy-en-Laonnais bestond uit ruim vijftig artikels en kan niet meer een bilateraal verdrag genoemd worden, maar een Europees of zelfs een mondiaal verdrag. Op dit punt is de belangrijkste verschuiving gebeurd. Sterker dan in de Vrede van Kamerijk komt de zorg voor de Christenheid naar voren: 'Et pource que cetteditte Paix se fait & fonde pour le service de Dieu nôtre souverain Createur, reduction de nôtre saint Foi & Religion en union chretienne, & obvier à l'extreme danger & hazard, où elle se trouve, & afin de parvenir à la generale pacification d'icelle pour aussi pouvoir mieux entendre & s'emploier unanimement à la repulsion des Turcs, & aultres Infideles ses ennemis'. Een tiental keren is er sprake van soevereiniteit, maar ook hier is inhoudelijk weinig verschil met de vorige context.

Een belangrijk verschil constateert men verder in de manier, waarop de huwelijksband garant zou moeten staan voor een langere vredestijd. Karel V was bereid zijn dochter of een nicht uit te huwelijken aan de hertog van Orléans en bovendien zouden de Nederlanden of Milaan als huwelijksgave afgestaan worden. Frans I verplichtte zich tot het herstel van Savoie, tot hulp tegen de Turken en tot het naleven van de verklaring van Meudon. Al deze maatregelen hebben de vrede niet dichterbij gebracht. Ook de langere lijst van de verbondenen en de geconfedereerden zette geen zoden aan de dijk.

4. Opmerkingen met het oog op een goede uitgave van de teksten

Bij de voorstelling van de Vrede van Crépy willen we verder de aandacht vestigen op twee documenten, die zo nauw verbonden zijn met het Verdrag van Crépy-en-Laonnais dat ze er een onafscheidelijke eenheid mee vormen. Vooreerst is er het afzonderlijk artikel over de Nieuwe Wereld, ondertekend door de gevolmachtigden van Frankrijk op dezelfde dag als het verdrag, namelijk op 18 september 1544, en vervolgens de geheime verklaring van Meudon, ondertekend op 19 september 1544. Meteen illustreren we nog eens ten volle, wat bedoeld wordt met een goede wetenschappelijke uitgave van een verdragstekst. Indien bij een verdrag aanhangsels en/of begeleidende documenten horen, dan moeten deze samen met de hoofdtekst van het verdrag uitgegeven worden.

Vooral de geheime verklaring van Meudon moet hier inhoudelijk zo nauw met het hoofdverdrag verbonden worden, dat ze nooit meer vergeten wordt. Waarom? Eén van de meest gebruikte tekstedities voor internationale verdragen uit de bestudeerde periode is die van Jean Du Mont, baron de Carels-Croon (1667-1727). Eén jaar voor deze man stierf, verscheen zijn *Corps universel diplomatique du droit des gens.*[28] Tweehonderd jaar na het sluiten van het Verdrag van Madrid waren de regels van de diplomatiek en voor het uitgeven van historische teksten nog niet wetenschappelijk onderbouwd. Du Mont zelf had de bedoeling het geldende positieve volkenrecht voor mensen uit de praktijk ter beschikking te stellen.

[28] Wanneer men de supplementen bij deze uitgave meeneemt, dan verschenen tot 1732 nog vele delen postuum.

Bijna 500 jaar na het Verdrag van Madrid en meer dan 450 jaar na het Verdrag van Crépy-en-Laonnais is de meest normale optie, namelijk de tekstuitgave van het hoofdverdrag samen met de erbij horende deelverdragen, nog steeds niet gerealiseerd. Onder deze omstandigheden kan noch de geleerde wereld, noch het historische onderwijs op niet-universitaire basis kennis maken met een genuanceerd beeld van de internationale en diplomatieke geschiedenis.

Zowel Henri Pirenne[29] als Karl Brandi – om slechts enkele specialisten uit de ons omringende cultuur te noemen – hebben nooit het volledige plaatje van het Vredesverdrag van Crépy-en-Laonnais onder ogen gezien, net zoals Jean Du Mont zich nooit bewust is geweest van de bij het verdrag horende teksten, die vanuit bepaalde optieken nog belangrijker waren dan de hoofdtekst.

In 1917 publiceerde Francis Davenport voor het eerst op een enigszins betrouwbare wijze de tekst van het afzonderlijk verdrag over de Nieuwe Wereld.[30] Indien evenwel een 'Quellenkunde'[31] voor het uitgeven van internationale verdragen voorhanden was, dan zouden aanvullingen en verbeteringen noodzakelijk zijn. Bijna tien jaar later heeft Adolf Hasenclever de tekst van de geheime verklaring van Meudon gepubliceerd naar een eigentijdse kopie, die bewaard werd in de *British Library* te Londen.[32] Ook deze tekst is niet volgens een aan onze normen beantwoordende 'Quellenkunde und Quellenedition' uitgegeven, zodat Karl Brandi spontaan al aangaf op welke plaatsen de tekst wellicht foutief was gelezen en hij stelde zelf reeds een aantal conjecturen voor. Sindsdien heeft niemand het op zich genomen om op het vlak van bronnenonderzoek en -uitgave dieper te graven.

De meest manifeste van deze fouten van Adolf Hasenclever heeft betrekking op de datum. Hasenclever wist zeer goed, dat het Verdrag van Crépy-en-Laonnais op 18 september 1544 was afgesloten. In plaats van XVIII wordt de datum XLIII. Iedereen weet dat 43 september onmogelijk is. Toch mag men deze fout niet als een simpele slordigheid afdoen. Andere auteurs, die deze fout eveneens als een draak hebben beschouwd, zijn zelf gaan sleutelen, ongetwijfeld in de hoop de lezer een dienst te bewijzen en zij hebben gedacht dat de enig mogelijke oplossing 14 september moest zijn.[33] In andere versies komt men ook 13 september tegen. Op

29 H. PIRENNE, *Histoire de Belgique*, Brussel, 1923, vol. 3, 134.

30 DAVENPORT, *Treaties*, nr. 18, 205-209.

31 Wij sluiten ons aan bij de voorstellen van Prof. Dr. H. Steiger, die van oordeel is dat op het terrein van de bronnenuitgaven van verdragen een degelijke internationale standaard moet opgesteld worden/beschikbaar zijn. In zijn bespreking van het werk van Grewe, waarnaar hieronder verwezen wordt, bevinden zich nog meer interessante suggesties.

32 A. HASENCLEVER, Die Geheimartikel zum Frieden von Crépy vom 19. September 1544, *Zeitschrift für Kirchengeschichte* 1926, 418-426. Ondertussen is duidelijk geworden dat deze tekst niet de beste traditie vertegenwoordigt.

33 K. BRANDI, *Kaiser Karl V. Werden und Schicksal einer Persönlichkeit und eines Weltreiches*, München, 1964, vol. 1, 435 schrijft: 'Der Geheimvertrag nennt als Tag des Abschlusses schon den 14. September'. In de tekstenbundel van A. Kohler, ed., *Quellen zur Geschichte Karls V.*, Darmstadt, 1990, 315 vindt men eveneens deze datum in nr. 84 'Geheimvertrag von Meudon zwischen Karl V. und Franz I.'. Hier zij nog opgemerkt dat de Vrede van Crépy aldaar met Duitse vertaling wordt afgedrukt als nr. 83, 308-314 samen met de protestverklaring van kroonprins Hendrik , de latere Hendrik II, als nr. 85, 317-319.

deze wijze was het hek van de dam. Vooral in verwijzingen naar de dag/dagen vóór of na het verdrag wordt het kluwen nu ondoorzichtig. Men mag trouwens niet vergeten, dat sommige tijdgenoten ook al op het verkeerde been stonden. Aangezien het een geheim verdrag betrof, hebben slechts enkele tijdgenoten de juiste toedracht geweten. Om alle tekstproblemen van de geheime verklaring van Meudon op te lossen kan deze bijdrage echter niet volstaan.[34]

De verwarring bleek nog duidelijk, toen niet zolang geleden een handzame bloemlezing met belangrijke teksten uit het volkenrecht werd verzorgd, maar waarin de opgenomen teksten zelden volledig zijn afgedrukt[35]: een studenteneditie, illustratiemateriaal voor de hoogleraar, naslagwerk voor de politicus en de publicist uit de praktijk. In elk geval leest men er (een deel van) de verdragstekst, krijgt men er een vertaling in het Duits en een regest in het Engels. In vier kloeke delen werd een selectie uit de wereldgeschiedenis gebracht tot en met 1945. Naar aanleiding van deze publicatie heeft Heinhard Steiger kritische kanttekeningen verzorgd, die de moeite waard blijven.[36] Naast allerlei andere pertinente opmerkingen klonk aldaar volgende belangrijke stelregel door. Het zal vaak niet volstaan om de rechtsakten alleen, zoals de verdragen, te verzamelen en uit te geven.

Zelfs *The Consolidated Treaty Series* in meer dan 200 delen van Clive Parry kan niet door de beugel, wanneer men zich op een wetenschappelijk standpunt stelt.[37] Ook in het artikel van Steiger wordt nog eens het bewijs geleverd van het beginstadium van de geschiedenis van het volkenrecht: 'Die Geschichte des Völkerrechts steht, jedenfalls soweit sie das positive Völkerrecht zum Gegenstand hat, auch insofern erst an ihrem Anfang'. Om vooruitgang te boeken zou het volkenrecht eerst een 'Quellenkunde' moeten uitwerken.[38] Om vervolgens degelijk wetenschappelijk werk te verrichten is een internationale onderneming met een coherent plan en een goed samenwerkingsverband nodig: vele onderzoekers en hun samenwerking.

'Aus all dem ergibt sich die Notwendigkeit neuer Ausgaben. Zur Edition wurde bereits einiges gesagt. Die Forschung kommt nicht ohne Vollständigkeit der Quellen aus. Sie ist daher erste Forderung. Auswahleditionen schränken sie ein, klammern notwendige Aspekte aus, die von Bedeutung sein können... Forschung muss sich bemühen, für alles offen zu sein und ggfs. auch den Blickpunkt zu wechseln. Fragestellungen wandeln sich und damit auch Anforderungen an die

[34] Wij hopen nog in de gelegenheid te zijn voor het eerst de juiste toedracht van het Vredesverdrag van Crépy-en-Laonnais voor het voetlicht te brengen.

[35] W. GREWE, *Fontes Historiae Iuris Gentium, Quellen zur Geschichte des Völkerrechts in Zusammenarbeit mit dem Institut für Internationales Recht an der Universität Berlin*, 4 dln., Berlin/New York, 1988-1995. Zie ook voetnoot 62.

[36] H. STEIGER, Quellenkunde und Quellenedition für die Völkerrechtsgeschichte, *Der Staat* 1989, 576-591 en Entwicklung des Völkerrechts von 1815 bis 1945 im Spiegel seiner Quellen, *Der Staat* 1995, 130-139 en recensie van het eerste deel der *Fontes* in *Der Staat* 1998, 317-322. Zie ook: www.uni-giessen.de/intlaw/team/litsteiger.htm

[37] C. Parry, ed., *The Consolidated Treaty Series*, 243 dln., New York, 1969-1986.

[38] H. STEIGER, Quellenkunde, 576: 'Eine besondere Quellenkunde für die Geschichte des Völkerrechts fehlt bis jetzt'.

Quellen'.[39]

Als tragische conclusie van dit kapittel komt men tot de slotsom dat de onderzoeker zelfs na al dat bronnenonderzoek en na alle uitgaven van bronnenmateriaal nog één devies heeft: 'Ad fontes', waarmee dan bedoeld wordt dat hij de originele stukken uit eerste hand moet benaderen. Bij verdragen en bij internationaal recht mag men zich niet enkel tot het eindresultaat, met name het verdrag, beperken.

5. Met het oog op het goede begrip van de teksten !

a. Het verdrag van Crépy: 18 september 1544

Na de daarnet vermelde recensie van de bronnenpublicatie van Grewe heeft Heinhard Steiger ondertussen ook een artikel geschreven over het vredesverdrag van Crépy-en-Laonnais.[40] Daarbij laat hij niet onvermeld dat het afzonderlijke artikel over de Nieuwe Wereld en de geheime verklaring bij dit verdrag horen, maar hij weidt er niet over uit. Wel deelt deze auteur mee, dat hij gebruik kon maken van de onderzoekingen van Mag. Maria Trescher uit Wenen. Deze dame bereidde toen een proefschrift voor over de periode tussen dit vredesverdrag en het overlijden van Frans I (1544-1547).[41]

In een eerste kapittel gaat Steiger na welke de doelstellingen van het vredesverdrag waren. In een tweede kapittel wordt de inhoud van het verdrag geanalyseerd. In het derde kapittel wordt nagegaan hoe het verdrag is afgesloten. In een slotkapittel wordt een evaluatie van het verdrag gemaakt.

Volgens Steiger is Crépy de derde poging van Karel V om een algeheel en voortdurend vergelijk tot stand te brengen. Het betekende ook een unieke kans om katholiek Europa te herenigen. Aangezien politiek Europa door de polarisatie vrijwel opgedeeld was in twee kampen, waren de overige Europese landen en machten evenzeer betrokken. In het algemeen worden verder de ketters en de Turken in het vijandbeeld betrokken als verstoorders van de orde en rust in Europa. 'So war der Friedensvertrag von Crépy ein Versuch, für ganz Europa eine politisch-rechtliche Friedensordnung herzustellen, Europa zu einem dauerhaften Friedensbereich zu formen. Daher wurden alle in den Friedensvertrag mit eingeschlossen'.[42]

b. Het afzonderlijk artikel voor de Nieuwe Wereld: 18 september 1544

Reeds eind november 1537 onderhandelden Francisco de los Cobos en Nikolaas Perrenot, heer van Granvelle, met Anne de Montmorency, maarschalk van Frankrijk, over een wapenstilstand en in hun Spaanse instructie bevond zich toen reeds een suggestie: 'Of men niet iets zou behandelen en detailleren in verband met

[39] H. STEIGER, *Quellenkunde*, 590.

[40] H. STEIGER, Bemerkungen zum Friedensvertrag von Crépy en Laonnais vom 18. September 1544 zwischen Karl V. und Franz I., in *Recht zwischen Umbruch und Bewahrung, Festschrift für Rudolf Bernhardt*, Heidelberg, 1995, 241-265.

[41] Bij navraag in Wenen bleek, dat mevr. Trescher ondertussen overleden was en dat haar proefschrift niet is afgewerkt.

[42] H. STEIGER, *Bemerkungen*, 265.

de Nieuwe Wereld (las Indias) met het oog op een mogelijke onderneming vanaf dit moment en verder om Zijne Majesteit schade te berokkenen'. In de wapenstilstand van Nice op 18 juni 1538 vindt men evenwel geen verwijzing naar een soortgelijk artikel. In elk geval herinneren we hier aan de eerste ontdekkingsreis naar de St Lawrence door Jacques Cartier tussen 1534 en 1536, waarbij de Fransen dat gebied meteen claimden.

Ondertussen hadden de Fransen ook kapersactiviteiten ontwikkeld in de nieuw ontdekte gebieden van Midden-Amerika. Op zichzelf waren deze kaperstochten al een doorn in het oog van Karel V en de zijnen. Had de paus zelf niet een verdeling gemaakt, waarbinnen de grenzen van de koloniserende landen duidelijk werden afgebakend?[43] Toen tot overmaat van ramp Franse expedities elkaar opvolgden, was de maat vol.

Het afzonderlijk verdrag over de Nieuwe Wereld voorzag erin dat de Spanjaarden en de Portugezen in het vredige bezit van de koloniën in het Westen en het Oosten werden gelaten. Franse onderdanen zouden aldaar alleen gaan om handel te drijven. In Spanje rees verzet tegen dit afzonderlijk artikel bij onder meer de *Consejo de Indias*. Naast deze Raad werd ook de *Consejo de Estado* en de *Consejo Real* gehoord. Alleen de aartsbisschop van Sevilla, Fernando de Valdes, was van mening dat men onder voorwaarden het artikel moest aanvaarden en de handel laten doorgaan.

Volgens de Raad voor de Nieuwe Wereld ware het de beste oplossing om in deze Vrede van Crépy niet te handelen over zaken betreffende de Nieuwe Wereld, zoals dat tot dusver niet het geval was geweest. Overigens behoorden de 'Indias' tot de koninkrijken van Castilië en Leon. Daarover moest geen 'asiento' gemaakt worden, zoals dat al gewoonte was sinds de ontdekking. Maar indien het zover kwam bij de vrede dat men de zaken in de Nieuwe Wereld goed kon regelen, dan nog moest dit artikel niet toegestaan worden. Wanneer vreemde mogendheden handel dreven met de Nieuwe Wereld, dan moesten zij zich aan dezelfde wetten houden, die men in Castilië en Leon onderhield. Kooplui en andere personen, vreemdelingen noch geboren Spanjaarden mochten onder geen enkele vorm goud en zilver uit de koninkrijken van Castilië halen, ook als zij dit als betaalmiddel voor hun koopwaar hadden ontvangen. Daardoor zou Frankrijk rijker worden en Spanje armer. Indien men bij de onderhandelingen kon bedingen dat de Franse schepen bij de terugkeer uit de Nieuwe Wereld verplicht waren Cadiz of San Lucar de Parameda aan te doen en daar te tonen wat ze meebrachten, dan waren enkele ongemakken, die te vrezen waren bij die handel, uit de weg geruimd.[44]

Een brief van Filips aan zijn vader Karel V, geschreven vanuit Valladolid op 24 december 1544, bewijst dat men bezig was met deze besprekingen en dat het antwoord van de Portugese koning toen nog niet binnen was.[45] De Portugese

[43] Hierboven verwezen we reeds naar de verdragen van Tordesillas en Zaragossa.

[44] DAVENPORT, *Treaties*, vol. 1, 207. Wij bedanken Maribel Rodriguez, Sokratesstudente uit Cadiz, die deze tekst nalas.

[45] M. FERNANDEZ ÁLVAREZ, *Corpus documental de Carlos V*, vol. 2 (1539-1548), Salamanca, 1975, 299-311. Bij het begin van document CCXCVIII geeft de uitgever aan dat de brief dateert van 13 december 1544, maar aan het einde van de brief komt de juiste datum naar voren.

koning was het evenmin eens met het artikel. Hij verklaarde dat de Fransen in bewapende schepen naar de Nieuwe Wereld trokken niet alleen om handel te drijven, maar ook om er met meer zekerheid te kunnen roven. Mede ten gevolge van de weerstand tegen dit artikel is het niet behoorlijk geratificeerd. Wel heeft Frans I in 1545 in overeenstemming met de vraag van Karel V zijn onderdanen verboden naar de overzeese Spaanse bezittingen te gaan.

De Franse tekst van dit artikel bevindt zich in het Ministerie van Buitenlandse Zaken te Parijs. Een Spaanse vertaling wordt bewaard in het Archief voor de Nieuwe Wereld in Sevilla. Terwijl het Franse document alleen de handtekening draagt van de Franse onderhandelaars, is tot dusver enkel bekend dat het Spaanse stuk de handtekening van Filips II draagt. In elk geval was Filips II toen regent in Spanje, terwijl zijn vader zich toen in Frankrijk bevond.[46]

c. De verklaring van Frans I, gegeven te Meudon[47] op 19 september 1544

Vooraleer we over de verklaring van Meudon uitweiden, loont het de moeite enerzijds te wijzen op het speciale karakter van dit document. Het betreft een eenzijdige verklaring van de Franse koning, waarin hij vanuit zijn toenmalige residentie ten zuiden van Parijs beloftes onderschreef met het oog op de bijeenroeping van het Concilie en op de Reformatie in het Heilig Roomse Rijk. Anderzijds signaleren we dat de keizer op dat ogenblik in Crépy verbleef, waar het vredestraktaat juist was afgesloten. In die zin willen we afstand nemen van de 'geheime artikelen van Crépy' of van 'die geheimen Abmachungen zum Friedensvertrag von Crépy' en van soortgelijke uitdrukkingen.

Tot dusver is het artikel van Hasenclever het eerste, dat volledig aan de verklaring van Meudon is gewijd. Hasenclever had de tekst in het British Museum opgevraagd, omdat in de belangrijke Engelse bronnenuitgaven *Letters and Papers* een uittreksel van de inhoud was meegedeeld, zonder dat de uitgevers zich kennelijk van de uitzonderlijke waarde van dit document bewust waren.[48]

Frans I beloofde hulp bij de hervorming van de splitsing in de Kerk, hetzij door een Concilie of op een andere wijze. Hij beloofde verder aan Karel V en Ferdinand I hulp bij de oplossing van de religieuze onenigheid in het Heilig Roomse Rijk. Wanneer het nodig was om militair geweld te gebruiken, zou hij toelaten dat troepen, die tegen de Turken moesten ingezet worden, tegen de ketters werden gebruikt. Een algemeen Concilie mocht in Trente, Kamerijk of Metz worden gehouden. Hij wou Ferdinand I helpen om te heroveren wat de Turken in Hongarije hadden genomen en hij zou niet onderhandelen met de weduwe van

46 DAVENPORT, *Treaties*, vol. 1, 209 en 206, n. 11.

47 Meudon is een plaats ten zuiden van Parijs, waar een kasteel stond waar de Franse koning toen regelmatig verbleef.

48 J. GAIRDNER en R.H. BRODIE, *Letters and Papers, Foreign and Domestic of the reign of Henry VIII, preserved in the Public Record Office, the British Museum, and elsewhere in England*, Londen, 1905, vol. 19-2, nr. 260, 133-134.

Koning Jan[49] en haar zoon. Hij wou zich inzetten om Maran van de Venetiërs terug te nemen. Om de geschillen met de hertog van Savoie op te lossen wou hij zijn best doen om het door de Zwitsers veroverde gebied te heroveren en om dat gebied met de keizerlijke stad Genève tot het oude geloof terug te brengen. Hij zou voortaan geen verdrag meer sluiten met de Engelse koning zonder de keizer erin te betrekken. Wanneer de Engelse koning wegens hun verdrag wou ruzie maken of oorlog voeren tegen de keizer, dan zou de Franse koning de keizer helpen en zich tot vijand van de Engelse koning verklaren.[50]

Voor het overige zijn vooral godsdiensthistorici op zoek geweest naar het vredesverdrag en de geheime verklaring. Godsdienst en politiek zijn in deze periode zo in elkaar verstrengeld, dat internationale verdragen voor paus en Kerk van uitzonderlijk belang waren. Vanuit deze hoek was ook Hasenclever op zoek gegaan naar meer informatie over de geheime verklaring.

Vooral de bepalingen, die kunnen verwijzen naar de Reformatie in het Heilig Roomse Rijk en naar het bijeenroepen van een Oecumenisch Concilie, hebben veel aandacht gevraagd. Eén der laatste auteurs, die de ontdekking van Hasenclever nog niet kende, maar die op eigen kracht zeer dicht bij de inhoud van een geheime overeenkomst was geraakt, is Joachim Müller. Eén jaar vooraleer Hasenclever zijn tekst uitgaf, publiceerde hij in hetzelfde tijdschrift een artikel over de politiek van Karel V ten opzichte van het Concilie van Trente. Daarin kwam een excursus voor, getiteld: 'Die geheimen Abmachungen zum Friedensvertrag von Crépy, September 1544'.[51]

August von Druffel had namelijk in 1876 een brief gepubliceerd, waarin Karel V vanuit Crépy op 19 september 1544 aan zijn zus Maria van Hongarije schreef. Daarin was sprake over: 'articles particuliers et secretz touchant la religion et pour ayder à la réduction, selon que l'en requerray, sans actendre l'effect dudit traicté, de non ayder en ce de Hongrie à la vefve et filz du roy Johan, procurer, quant il en sera requis, la restitution de Marran audit S^r roy notre frère, ce que les Suisses occupent audit Sr de Savoye, et le remectre en notre saincte foy, et que le roy de France ne pourra traicter avec Angleterre doresenavant comme qu'il soit sans moy, que icelluy S^r roy se declairera son enemy; et sont les articles fort expressément couchez en tous ces poinctz, lesquelz ledit roy de France doibt promectre sur sa foy et son honneur de observer, sans qu'il en demeure riens de mon coustel en ses mains'.

Uit dit document wordt zeer duidelijk dat Frans I beloftes moet onderhouden, terwijl daar van de kant van de keizer geen contraprestaties tegenover staan. Uit een postscriptum bij dezelfde brief vernemen we nog dat de zoon van Frans I het authentieke exemplaar van zijn vader heeft meegebracht. Dit laatste document

49 Bedoeld is Jan Zápolya. Op 7 juli 1540 was postuum te Ofen nog een zoon geboren. Zie daarover: I. TORJAJSZABÓ, Szapolyai (Zápolya), Johann (János), in *Biographisches Lexikon zur Geschichte Südosteuropas*, ed. M. von Bernath en K. Nehring, München, 1981, vol. 4, 249-251.

50 Op 7 juni 1546 zouden Engeland en Frankrijk te Ardres en Guines een verdrag sluiten. Zie: LESAFFER, *Europa*, 627.

51 J. MÜLLER, Die Politik Kaiser Karls V. am Trienter Konzil im Jahre 1545, *Zeitschrift für Kirchengeschichte* 1925, 411-417: Exkurs II.

heeft sindsdien niemand gezien.[52]

Hubert Jedin van zijn kant is een specialist van het Concilie van Trente. Hij spreekt meteen over 'Der Friede von Crépy und die zweite Berufung nach Trient'. Doordat Frans I zich akkoord verklaarde om het Concilie op een bepaald ogenblik te openen en hij bereid was gezanten, prelaten en geleerden te sturen verviel de laatste hindernis voor de samenroeping. Daarmee was de keizer de paus te vlug af. Wanneer de bulle 'Laetare Hierusalem', gegeven te Rome op 19 november 1544, waarin de uitnodiging voor het Concilie verwerkt zat, uiteindelijk met meer dan gewone snelheid de Europese vorsten bereikte, kwam ze te laat.[53]

Men kan zich hier de vraag stellen of wij hier inderdaad te maken hebben met een poging van de keizer om zich te profileren tegenover de paus. In de Middeleeuwen had de universele pretentie van paus en keizer betrekking op de verhouding met het Byzantijnse keizerrijk, de soevereiniteit ten overstaan van de overige wereldlijke vorsten en de verhouding van paus en keizer tot elkaar. Op deze wijze zou extra onderstreept worden, waarom Frans I weinig geneigd was om zich in een dergelijk concert te meten met de universele machten. Het feit dat hij op dit terrein tot concessies overging kon niet anders dan een impliciete erkenning van zijn ondergeschiktheid in de wereldorde en in de christenheid duidelijk maken.

Vanuit het standpunt van de paus kan men denken aan zijn poging om de vrede te bevorderen door kardinaal Alessandro Farnese (1520-1589), ook wel genoemd 'Il Gran Cardinale', op 21 november 1543 naar de twee oorlogvoerende vorsten te sturen. Daardoor stond hij boven de vechtende partijen en kon hij de christenheid laten zien hoe het pausdom een boodschap van vrede en eenheid bracht in de wereldpolitiek. Maar buiten deze verheven gedachten over wereldsuprematie scholen soms koele berekeningen van de familie Farnese.[54] Daarbij zijn de familierelaties met vorstenhuizen niet de enige pijl op de boog; ook versterking van de pauselijke macht in de Kerkelijke Staten is een belangrijke doelstelling. Vergeten wij vooral niet dat paus Paulus III ook Alessandro Farnese (1468-1549) heette en dat de neiging van de familie Farnese om met vorstenhuizen verbonden te worden in al deze diplomatieke betrekkingen een belangrijke rol speelde.[55] Zo was in 1541 Orazio Farnese (1531-1553) al gehuwd met Diana van Valois, de onwettige dochter van de latere Hendrik II. Enkele jaren daarvoor was de zoon van paus Paulus III, Ottavio, gehuwd met de bastaarddochter van de keizer, Margareta, de latere Margareta van Parma.[56]

[52] A. VON DRUFFEL, Kaiser Karl V. und die Römische Curie 1544-1546, in *1. Abtheilung, Von Speirer Reichstag bis zur Berufung des Trienter Concil*s, München, 1876, 270-272.

[53] H. JEDIN, *Geschichte des Konzils von Trient*, Freiburg, 1949, vol. 1, 400-404.

[54] C. VITALI, *Der Glanz der Farnese. Kunst und Sammelleidenschaft in der Renaissance, 2. Juni-27, August 1995*, München, 1995.

[55] In dit geval blijkt het, omdat de hertog van Orléans binnen hetzelfde jaar zowel aangezocht werd door de paus als door Karel V en dat Frans I als vader uiteraard centraal stond.

[56] Het is bijna overbodig hieraan toe te voegen, dat hun zoon ook Alessandro Farnese (1545-1592) heette en dat deze de kleinzoon van de paus was. Veel minder bekend is het feit, dat in de hier besproken periode een harde strijd om het bezit van Parma en Piacenza aan de gang was. Daardoor kan de bij ons als Margareta van Parma bekende landvoogdes nog niet als dusdanig betiteld worden.

In Fontainebleau werd aan het hof op 1 januari 1544 formeel gereageerd op dit gezantschap. Veel achterdocht en weinig vertrouwen waren het resultaat en de poging van Alessandro om te informeren naar een eventueel huwelijk tussen de hertog van Orléans en zijn zus Vittoria[57] liep spaak. Daarna liep hij de keizer achterna, tot hij hem in Mainz trof op 20 januari.

De keizer was boos omwille van de herhaalde pauselijke afwijzingen bij aanvragen om financiële steun in de strijd tegen de Protestanten en ook omdat de paus door dit diplomatiek offensief de keizer en de Franse koning in een strategische visie van neutraliteit als even machtig beschouwde. Karel V had tijdens die onderhandelingen ook verwezen naar het voorbeeld van Clemens VII, waardoor hij onderstreepte dat de verhoudingen niet verbeterd waren.[58] In de loop van het jaar 1544 kwamen daar naar aanleiding van de Rijksdag van Spiers nog duidelijke verwijzingen bij naar de uitsluiting en de onderschikking van de pauselijke autoriteit.

Hoe dieper men zoekt, hoe meer spanningen naar boven komen. Deze spanningen konden zeer subtiel zijn en van jaar tot jaar op andere taakstellingen betrekking hebben en door telkens weer nieuwe incidenten gevoed worden. Zij zijn ook regelmatig gekarakteriseerd door wispelturigheid: nu wel, dan weer niet, zelden van ganser harte en meestal voorwaardelijk. Na zijn bezoek aan de keizer keerde Alessandro terug naar Frankrijk, waar hij zich weer ontpopte als het instrument van de expansionistische familiepolitiek van de Farnese's en waar hij aanwezig was bij de doop van de dauphin. De Fransen deden hun best om Alessandro op hun kant te krijgen, maar hij bleef neutraal en verkreeg niets, tenzij tekenen van achting en een warm onthaal.[59]

Met het oog op de periode na de Vrede van Crépy ontmoeten we kardinaal Alessandro Farnese opnieuw. Hij was toen in Rome, waar hij toen grote steun ondervond van Marcello Cervini, de latere paus Marcellus II, en waar hij moest rekening houden met de verdere ontwikkelingen in het Heilig Roomse Rijk. Daar had de Rijksdag van Spiers plaats gehad. In afwachting van het Oecumenisch Concilie zou de keizer een nationale Duitse synode bijeenroepen, zouden gereformeerden voortaan zitting hebben in het Rijkskamergerecht en zouden processen uit religieuze overwegingen geschorst worden.

Rome heeft toen afkeurend gereageerd met een breve (24 augustus 1544). Kardinaal Alessandro Farnese heeft toen toenadering gezocht tot de keizer. Het algemeen klimaat werd serener en het Concilie werd geopend in Trente. Op 19 december 1544 werden drie Spaanse kardinalen verkozen. Op deze wijze trachtte Rome de animositeit vanwege de keizer te lenigen.

Bij haar huwelijk met Ottavio was zij nog Margareta van Oostenrijk. Uiteindelijk zou de latere landvoogd, Alessandro Farnese, de derde hertog van deze gebieden worden.

57 Zij zou later (1547) met Guidobaldo III della Rovere huwen.

58 Men denke aan de hiervoor vermelde Liga van Cognac (1526).

59 S. ANDRETTA en C. ROBERTSON, *Dizionario biografico degli Italiani*, 1995, vol. 45, 52-65 en 65-70, vooral 54-56.

6. De Vrede van Crépy bestuderen met de begeleidende documenten ?

Vanuit verschillende standpunten blijkt dat de Vrede van Crépy vervlochten is met ontwikkelingen in en buiten Europa. Men mag daarom een vergelijking aangaan met de Vrede van Westfalen. Nooit voorheen stond Karel V dichter bij de verwezenlijking van de gestelde doelstellingen, maar uiteindelijk mislukte zijn plan toch nog. De idee van een *respublica christiana* kwam naderbij, maar naderde ook het einde: de *Christianitas afflicta*.[60]

Wil men het verdrag in een bredere context catalogeren, dan kan de inschaling van de verdragen voor problemen zorgen. Lesaffer noemt het vredesverdrag van Crépy een vredes- en alliantieverdrag tussen Frankrijk, het Heilig Roomse Rijk en Spanje, maar met het afzonderlijk verdrag en met het geheime verdrag werd toen niet gerekend.[61] Grewe van zijn kant brengt het hoofdje 'Spanisch-französischer Friedensvertrag' aan en geeft het de eerste plaats onder 'Die für die politische Ordnung Europas konstitutiven Friedensschlüsse', maar hij sprak niet over het geheime verdrag.[62]

Ten opzichte van Grewe heeft Steiger reeds benadrukt dat Crépy 'ein umfassender Friedensschluss' is geweest. Daarmee bedoelde hij dat niet alleen Karel V in zijn hoedanigheid van keizer en van Spaanse koning betrokken was, maar dat ook Frankrijk met zijn bondgenoten, de paus en de Engelse koning belanghebbende partijen waren en dat de verdere heersers in Europa op enigerlei wijze met de bepalingen van Crépy te maken kregen. Grewe heeft dan wel een deel van het afzonderlijke (niet geratificeerde) artikel voor de Nieuwe Wereld in zijn bloemlezing opgenomen, maar ook Steiger wijst er terecht op dat de geheime verklaring niet aan bod komt.[63]

7. Epiloog: Met het oog op een betere status quaestionis.

De gevolgen van de verbintenissen, waarbij de Franse koning zich in de geheime verklaring van Meudon verplichtte tot samenwerking voor de hereniging van het Christendom en om de splitsing in de Kerk tegen te gaan, behelsden ernstige inbreuken en beperkingen van de soevereine vrijheid van de Franse koning. Nooit voorheen heeft de Franse koning zich zo in dienst gesteld van een supranationaal belang op basis van een buitenlandse aanvraag. Brandi heeft in dit verband opgemerkt dat Karel V zich in 1544 in Crépy en te Meudon tegenover Frans I als 'keizer' heeft opgesteld. Anderen stellen het zo: 'Crépy is also the failure of the Emperor in his last attempt to use his imperial title to be a universal monarch'. In beide gevallen moet men centraal stellen, dat niemand tot dusver rekening hield met de juiste toedracht van de Vrede van Crépy en van de daaropvolgende ontwikkelingen. Daarom zullen de diplomatische uitgave van de geheime verklaring van Meudon en de verdieping, die zij door verdere studie moet

60 H. LUTZ; *Christianitas afflicta. Europa, das Reich und die päpstliche Politik im Niedergang der Hegemonie Kaiser Karls V. (1552-1556)*, Göttingen, 1964.

61 LESAFFER, *Europa*, 627.

62 GREWE, *Fontes*, 1, 2-3.

63 STEIGER, *Quellenkunde*, 588-589.

ontwikkelen, ons op termijn in staat stellen om genuanceerder over de relatie van Frans I tot Karel V te spreken en om over soevereiniteit en volkenrecht inhoudelijk betere uitspraken te doen.

Dankzij het Vredesverdrag van Crépy en dankzij de geheime verklaring van Meudon kon Karel V zijn campagne tegen de Schmalkaldische Liga opstarten. Uiteindelijk zou deze campagne leiden tot de overwinning bij Mühlberg (1547). Dankzij hetzelfde verdrag heeft de paus het Oecumenisch Concilie samengeroepen in Trente, maar de eenmaking en de hervorming van de Katholieke Kerk konden niet bereikt worden.

In het jaar 1547 overleed Hendrik VIII op 28 januari te Hampton Court en even later overleed Frans I, op 31 maart, te Rambouillet. Nog geen maand later, op 24 april versloeg Karel V Johan Frederik van Saksen bij Mühlberg. Al deze gebeurtenissen brachten een reeks veranderingen mee en hadden zulke verstrekkende gevolgen op tal van terreinen, dat men er zelden in slaagt om deze nuancering en veelheid aan informatie binnen het juiste perspectief te plaatsen.

Ondertussen was het Verdrag van Ardres op 7 juni 1546 gesloten tussen Frans I en Hendrik VIII. Naar aanleiding van de mogelijke coalitie tussen Frankrijk en Engeland, waardoor de Nederlanden weer extra onder druk stonden, werd de penibele situatie uit het jaar 1544 in de Nederlanden opnieuw beleefd. Uiteindelijk was de vrees van het Brusselse hof ongegrond, maar de diplomatieke betrekkingen tussen de Nederlanden en Engeland waren heel druk.

In het Verdrag van Ardres werd overeengekomen dat Frankrijk en Engeland afzagen van een vijandelijke invasie. Boulogne, dat in september 1544 door de Engelsen veroverd was, zou op termijn in Franse handen terugkeren. Voorlopig bleef Boulogne Engels territorium. Zowel Hendrik VIII als Frans I verklaarden dat Karel V hun bondgenoot was. Dit was in geen jaren meer voorgekomen.[64]

In 1547 sloot de periode af, waarin een nieuwe orde 'sui generis' had kunnen geschapen worden. Het probleem, waarvoor de keizer zich geplaatst had gezien, was het volgende. Wat kon hij doen met de voordelige situatie, waarin hij na de Vrede van Crépy werd geplaatst? In feite heeft Karel V zich onvoldoende boven de partijen kunnen verheffen. Met deze partijen zijn zowel de godsdienstige partijen als de zich op de eigen soevereiniteit beroepende vorsten bedoeld. In die zin kan men op het diplomatieke vlak de Vrede van Crépy zien als het einde van de Middeleeuwen, omdat de keizer van het Heilig Roomse Rijk wel afzonderlijke successen wist te behalen en hij op weg was naar een nog nooit bereikte internationale suprematie, maar zich niet tot een universeel leider kon opwerpen. Wel bereikte hij een virtueel leiderschap, dat niet geconsolideerd werd. Hoe machtig hij ook was, hij was als keizer niet de 'dominus mundi', zoals de middeleeuwse doctrine al aangaf,[65] maar deze leer werd ook in de zestiende eeuw nog gehuldigd en op dezelfde manier getaxeerd.[66]

[64] DU MONT, *Corps*, vol. 4-1, 305-308.

[65] A. CAVANNA, L'idea dell' 'imperator dominus mundi' e la 'potestas' degli Stati nazionali cristiani: verso il moderno concetto di sovranità, in *Storia del diritto moderno in Europa. Le Fonti e il pensiero giuridico*, Milaan, 1982, vol. 1, 56-59.

[66] D. DE SOTO, *De iustitia et de iure libri decem*, Madrid, 1968, vol. 2, 305a.

Alhoewel de theologen dus de keizer de titel 'dominus mundi' weigerden, toch mogen we stellen dat de spirituele en wereldlijke macht van Karel V belangrijker was in de Nieuwe Wereld dan op het Europese continent. Niet toevallig schreef Teodoro Andres Marcos een boek over *Vitoria y Carlos V en la soberanía hispano-Americana.*[67]

In verband met de stormachtige ontwikkelingen op het Europees, mondiaal en kerkelijk vlak kan men zich de vraag stellen hoe weinig mensen destijds op de hoogte zijn geweest van de inhoud van de geheime verklaring van Meudon. Men kan het logisch vinden dat men vanuit Franse zijde nog bijna niet over deze geheime verklaring heeft geschreven. De originele tekst van de Franse versie van dit traktaat is, voor zover we het konden natrekken, nog nooit geciteerd of uitgegeven. Tot dusver kent men alleen het exemplaar uit de *Egerton Manuscripts* van de *British Library*,[68] dat, zoals we vermeldden, 'ontoereikend' door Hasenclever is uitgegeven. Een versie, die men ook in de kanselarij van het Rijk moet gehad hebben, of één uit de Spaanse archieven in Simancas of één uit de pauselijke archieven, is nog niet aan het licht gekomen. Toch weten we dat minimaal de inhoud van deze artikelen in Spanje en Italië is besproken.

'So sehr einzelne politische Agenten, wie besonders der Geschichtsschreiber Johann Sleidan, sich bemüht haben, hinter das Geheimnis zu kommen, es ist so sorgfältig gewahrt worden, dass erst in unsern Tagen die Abmachung von Meudon vom 13. September bekannt geworden ist', zo noteerde Adolf Hasenclever in zijn bespreking van het merkwaardige proefschrift van Ludwig von Cardauns.[69]

Wanneer we van Jean Bodin in zijn *Six livres de la République* vernemen dat Karel V nooit een soeverein vorst is geweest in de betekenis, die Jean Bodin voor dat begrip had uitgedacht,[70] dan mag het ons ook verwonderen dat Jean Bodin nergens over de geheime verklaring van Meudon spreekt. Indien Karel V zich ooit op één punt van zijn regering in een soevereine positie tegenover zijn grootste rivaal heeft geweten, dan komen Crépy en vooral Meudon zeker op de eerste plaats. Volgens Franz Bosbach zou men hier de term 'Monarchia universalis' mogen gebruiken: 'das Übergewicht einer Macht, zuerst Karls V., dann der spanischen Könige, zuletzt Ludwigs XIV.'[71]

Alhoewel de meningen verschillen over de manier en vooral over de beslistheid, waarop Karel V zijn militaire campagne voerde tegen het Franse leger, toch kan men niet voorbijgaan aan het feit dat hij nooit dichter bij Parijs is genaderd dan tijdens deze campagne. De schrik zat er goed in bij de Fransen en het is niet toevallig, dat Meudon ten zuiden van de Franse hoofdstad ligt.

[67] Salamanca, 1946.

[68] Zie daarover: http://molcat.bl.uk/msscat/INDXOO10ASP. Het betreft een 'Collection of treaties 1433-1555'.

[69] Göttingische gelehrte Anzeigen, 1925, 269. Noteer ook, dat hier nu per abuis de datum van 13 september 1544 wordt opgegeven voor de geheime verklaring van Meudon.

[70] S. DAUCHY, Keizer Karel, een soevereine vorst?, in *Beleid en bestuur in de oude Nederlanden. Liber amicorum Prof. Dr. M. Baelde*, ed. H. Soly en R. Vermeir, Gent, 1993, 65-72.

[71] F. BOSBACH, *Monarchia universalis: ein politischer Leitbegriff der frühen Neuzeit*, Göttingen, 1988, 125. Voor Bosbach begint na Lodewijk XIV een politiek van evenwicht tussen de soevereine staten.

Was de verovering van Parijs misschien niet een doel op zichzelf geweest, 'la fin de ceste armée a tousjours esté de pénétrer au coeur de ce royaulme pour contraindre ledit ennemi à la raison'.[72] Op deze wijze had Karel V zijn zus Maria van Hongarije op 20 juli 1544 op de hoogte gebracht van de doelstellingen van de campagne tegen Frans I. Hoever de keizer wou gaan en wat voor hem 'raison' betekende, staat nog open voor onderzoek of kan in elk geval nog beter gedocumenteerd worden.

Hierbij moet opgemerkt worden, dat de Engelse koning, Hendrik VIII, zijn bondgenoot Karel V niet ondersteunde zoals kon verwacht worden. De belegering van de stad Boulogne verplichtte de Franse koning zijn troepenmacht te verdelen. In de mate waarin Hendrik VIII de druk opvoerde, kon de frontale aanval van Karel V meer effect sorteren en kon meer druk worden gelegd aan de onderhandelingstafel. Het feit dat Boulogne in september viel vlak voor het afsluiten van de vrede van Crépy, kan een rol gespeeld hebben bij het totstandkomen van de verklaring van Meudon, maar hierover verschillen de geleerden van mening.

Vanuit het standpunt van de Nederlanden, waaruit toen een groot deel van de logistieke en financiële middelen moest komen, bleek duidelijk dat deze gebieden overbelast werden en dat nog verdere belastingen tot rampen konden aanleiding geven. Zo snel mogelijk moest deze campagne beëindigd worden, d.w.z. moest de vrede worden gesloten. In Antwerpen kon men geen krediet meer krijgen en bij de bevolking was er al helemaal niets te halen. De beschikbare informatie wijst erop dat men in beide kampen tot het uiterste was gegaan.

De enige manier, waarop de Franse koning kon ontsnappen aan de geheime verklaring van Meudon bestond erin – actief of passief – weerstand te bieden tegenover de genoemde beloften. Met de ervaringen van de verdragen van Madrid en Cambrai als basis wist hij dat de macht van Karel V beperkt was. Het feit dat de Franse koning kon zeggen 'zonder mijn toestemming kan jouw beslissing mij niet binden', ja zelfs 'er is helemaal geen beslissing' betekende dat er in het internationale recht geen hoogste autoriteit bestond. Het deficit in de implementatie van verdragsovereenkomsten en het tekort aan internationaal bestuur betekende dat Karel V enkel kon hopen dat de geheime verklaring zou uitgevoerd worden door de Franse koning.

Tot soortgelijke resultaten komt Franz Bosbach eveneens langs een andere weg. Bij zijn studie naar de 'Monarchia universalis' als politiek begrip besluit hij: 'Die Geschichte der Universalmonarchie ist Bestandteil und Ausdruck der Problematik, die den Gestaltungsbedingungen der zwischenstaatlichen Politik im frühneuzeitlichen Europa eigen war: Für die Beziehungen der Herrschaftsverbände gab es keine anerkannte Institution zur Festlegung und Durchsetzung allgemein verbindlicher Normen. Das Souveränitätsverständnis der Einzelherrschaften schloss jede Art irdischer, kontrollierender Gewalt über den Monarchen aus. Deshalb waren Regelungen des Rechts und anerkannte Normen des Verhaltens im zwischenstaatlichen Bereich einer gewissen Beliebigkeit ausgesetzt, was ihre

[72] BRANDI, *Kaiser*, vol. 2, 347.

Anwendung und Beachtung betraf, zumal die von der Theorie des Völkerrechts entwickelten Vorstellungen nur wenig Einfluss auf die politische Praxis ausübten.'[73]

In dat verband biedt de daarnet geciteerde studie van Bosbach nog een aanknopingspunt. 'In allen untersuchten Zeitabschnitten stellte die Universalmonarchie den Entwurf einer Herrschaft dar, die –über allen anderen Herrschaften angeordnet- die Kompetenz beanspruchte, in die zwischenstaatlichen Beziehungen aller einzugreifen'.[74] Voor Frans I waren alle middelen goed om zich aan de verplichtingen tegenover de keizer te onttrekken.

In de tot dusver bestudeerde teksten ontmoetten we het volkenrecht niet. De eerste keer komt 'droit des gens' voor in het verdrag van Chambord.[75] Hendrik II sluit daar op 5 oktober 1551 een verdrag met opstandige Duitse vorsten. Daarin wordt het volgende vastgesteld over de Landgraaf van Hessen: 'lequel, contre le Droit des Gens, toute foi & fiance, a été déçu & détenu prisonnier'.[76] Voor de eerste keer wordt Karel V beschuldigd zich niet te hebben gehouden aan het (internationaal erkende) lot van de oorlogsgevangenen. Zoals bekend is, werd deze Landgraaf bij de campagne bij Mühlberg gevangen genomen en toen gevankelijk naar de Nederlanden gevoerd, waar hij vijf jaar verbleef (1547-1552).[77]

In verband met de staatssoevereiniteit waren er in het volkenrecht van de zestiende eeuw wel erkende regels, maar ze waren niet steeds afdwingbaar. In theorie waren de principes van het verdragsrecht, 'pacta sunt servanda' en 'bona fides' eeuwenoud en alom gekend. Nochtans zouden de toevoegingen uit de geheime verklaring van Meudon alleen toepasbaar zijn, indien Frans I zich aan deze principes conformeerde. Het gevolg van het consent gegeven in overeenstemming met de vereisten van het internationaal recht/*ius gentium/ droit des gens* was het ontstaan van rechten en plichten tussen de verdragspartijen, maar in dit geval was er geen wederzijdse overeenstemming, of om het anders uit te drukken: de Franse koning hield zich niet aan zijn afspraken.

In de praktijk was Frankrijk erkend als een monarchie bij Gods genade. De koningin van Frankrijk was de zus van Karel V. Frankrijk onderhield diplomatieke relaties met verschillende Europese landen en sinds 1536 zelfs met de Turken, de vijanden van het Christendom. Rechtspraak en vooral wetgeving zouden onder Jean Bodin tot de belangrijkste kenmerken van de soevereiniteit worden verheven, maar in welke mate deze kenmerken onder Frans I aanwezig waren, blijft een moeilijke vraag.

In het verband van de diplomatieke betrekkingen was de onschendbaarheid van diplomaten ongetwijfeld bekend. Eén van de meest manifeste inbreuken op dat recht deed zich evenwel voor in de door ons bestudeerde periode. Het geval van Caesar Fregoso en Antonio Rincon, die als Franse agenten op doortocht in

[73] BOSBACH, *Monarchia*, 125.
[74] BOSBACH, *Monarchia*, 126.
[75] DU MONT, *Corps*, vol. 4-3, 31-33.
[76] DU MONT, *Corps*, vol. 4-3, 32.
[77] F. WOLFF, Philipp der Groszmütige (1504-1567), *Neue Deutsche Biographie*, 2001, vol. 20, 376-379.

Lombardije vermoord werden, kon zowel aanleiding zijn voor een nieuwe oorlog als voor represailles van de andere zijde.[78] Welke internationale macht zou en kon deze zaak toen oplossen?

Onder Frans I en later tijdens de godsdienstoorlogen werd Frankrijk in Europa grotendeels teruggeworpen op zijn eigen kracht. Om de interne problemen de baas te worden bestond de beste oplossing erin om de interne orde aan te sterken. Volgens Jean Bodin was de vorst de beste garantie voor de continuïteit van de monarchie bij Gods genade. In die zin is de *majestas* of de soevereiniteit van de staat (*respublica*) opgekrikt om de monarchie te redden.

In het rijk van Karel V was er minder politieke samenhang dan in het koninkrijk der Fransen. In het Heilig Roomse Rijk was er een verdeling van de macht tussen de keizer, de Keurvorsten, de vele vorstendommen, de *Stände* en de keizerlijke steden. Alhoewel Karel V de Rijksdag meer gemanipuleerd heeft dan welke vorst ook vóór hem, toch is soevereiniteit – een leenwoord, dat vooral in Frankrijk opgeld maakte – er pas na de Westfaalse verdragen ten volle doorgedrongen.[79]

Anderzijds was in Spanje het begrip 'soevereiniteit' beter bekend, maar niet overal. In Castilië was de soevereine macht groter dan in enige andere Spaanse landstreek. Wij haalden al de *Relectio* van Francisco de Vitoria aan. Daarin lezen we over 'superioritatis dominium' of 'perfecta respublica' of 'verus dominus', maar men kan niet vaststellen in hoever deze uitdrukkingen de aspecten van de soevereiniteit of *majestas* van Jean Bodin bestrijken.[80]

Vandaag zijn vele Spaanse auteurs ervan overtuigd dat de soevereiniteit van de Spaanse monarch de vergelijking kon doorstaan met de soevereiniteit zoals die door Jean Bodin later is beschreven. Men kan vele teksten vinden, waarin de macht van de vorst omschreven is als absoluut, d.w.z. zich verheffend boven het recht en er niet aan gebonden. De uitdrukking 'de mi poderío real absoluto' en analoge formules betekenden dat de vorst zijn wil doordrukte tegen het bestaan van een wet.[81] Reeds in de vijftiende eeuw vindt men voorbeelden en zij verwijzen tevens naar de goddelijke oorsprong van deze macht.

Wij moeten vanuit dit perspectief niet meer verwonderd zijn dat onder Karel V soortgelijke teksten te vinden zijn in Spanje, terwijl men iets dergelijks in de Nederlanden moeilijker zou verteren. 'Wij willen op eigen initiatief en met onze zekere kennis en met onze absolute koninklijke macht gebruik maken en wij maken als koning en soeverein heer, die niemand op aarde boven zich erkent in tijdelijke zaken, gebruik van de mogelijkheid om te herroepen en te vernietigen'...(deze of

[78] FERNANDEZ ÁLVAREZ, *Carlos V*, 455, 609, 633-634 and 647. Zie ook: S. SCHWEIZER-BURIAN, *Deutsche Reichstagakten unter Kaiser Karl V. Der Reichstag zu Speyer 1542,* München, 2003, vol. 2, 848, 852, 861, 874-5, 883. Wij vestigen speciaal de nadruk op de uitdrukking, gebruikt op p. 852: 'conculcato iure gentium a caesarianis'.

[79] H. QUARITSCH, Souveränität, in *Handwörterbuch zur Deutschen Rechtsgeschichte*, 1990, vol.4, 1714-1725, vooral 1717.

[80] C. ROELOFSEN, De periode 1450-1713, in *Compendium Volkenrechtsgeschiedenis*, passim.

[81] F. TOMÁS Y VALIENTE, *Manual de Historia del Derecho Español*, Madrid, 1997, 286. Hier zij ook verwezen naar J.A. MARAVALL, *Estado moderno y mentalidad social (siglos XV a XVII)*, Madrid, 1972, vol. 1, 249-400.

gene rechtsregel).[82] Wij erkennen er de Latijnse terminologie in van het 'voluntate nostra' of 'proprio motu', 'ex certa scientia', 'non recognoscens superiorem in rebus temporalibus' , 'potestas absoluta' of 'plenitudo potestatis'. De hierboven geciteerde zin grossiert in deze uitdrukkingen. Voor het eerst echter moet de uitdrukking 'op aarde' ruimer genomen worden dan in alle voorgaande eeuwen.

Een ander voorbeeld is concreter en kan gerelateerd worden aan onze eigen geschiedenis. Tot dusver is deze tekst in de Nederlanden nog nooit van commentaar voorzien en hij heeft betrekking op de zogenaamde 'alternativa de los matrimonios' , d. w. z. het voorstel uit het Verdrag van Crépy, waarbij de zoon van Frans I ofwel met een dochter van Karel V of met een dochter van Ferdinand I, de Rooms koning, zou huwen en waarbij ofwel de Nederlanden ofwel het gebied rond en in Milaan als bruidsschat zou meegegeven worden. Dit vraagstuk moest binnen de vier maanden opgelost worden.

Gedurende de onderhandelingen argumenteerden Spaanse raadsheren dat Karel V de opperste heer van de Nederlanden moest blijven: 'que Vuestra Majestad por toda su vida quedará y sera señor apsoluto de los dichos Stados'. Deze uitdrukking klinkt ons vreemd in de oren, maar in Spanje was dit de neerslag van een spontaan verslag in 1544.[83] Tijdens diezelfde besprekingen vermeldde doctor Antonio de Guevara, dat Zijne Majesteit en zijn voorvaderen geweest waren 'absolutos señores dello', d. w. z. de absolute heren van het patrimonium van de Nederlanden.[84]

Vanuit een ander perspectief geven we nog een laatste voorbeeld van soevereiniteit. Op 21 juli 1551 protesteerden de officieren van de Prins van Oranje dat de artikels van het Verdrag van Crépy nog niet waren uitgevoerd. Wat erger is, het Parlement van Grenoble had dienaren van de Prins gevangen genomen omwille van een 'soevereiniteitsdaad', terwijl de Prins ook soeverein was. Bij deze gelegenheid was Karel V door Willem van Oranje nog onomwonden zijn 'soeverein heer' genoemd.[85]

In het rijk van Karel V ontmoeten we dus vele nuances van de soevereiniteit. Bij deze slotbeschouwing moeten we de lezer zeker nog wijzen op het feit, dat de meeste teksten uit deze periode nog onuitgegeven zijn. Deze lacunes manen tot voorzichtigheid. Het begrip *majestas* was ook onder Karel V een explosief groeiend begrip, zowel op het vlak van het internationaal recht als op dat van het strafrecht. In die zin blijft dit opstel een voorlopige benadering van de soevereiniteit van de keizer in het Heilig Roomse Rijk, de meervoudige landvoogd der Nederlanden, van de heerser in de Nieuwe Wereld, van de koning van Spanje en van de machtigste vorst op het Italiaans schiereiland. Het bindend element in al deze rijken, staten en vorstendommen was een sterfelijke vorst. Wanneer hij stierf, was de *majestas* afhankelijk van de doortastendheid van de volgende vorst.

[82] M. FERNANDEZ ÁLVAREZ, *Testamento de Carlos V*, Madrid, 1982, 13-15.

[83] Deze tekst is door Francisco de los Cobos, comendador mayor de Léon, uitgesproken: FERNÁNDEZ ÁLVAREZ, *Corpus*, vol. 2, 309.

[84] F. CHABOD, *Il Ducato di Milano e l'impero di Carlo V. Carlo V e il suo impero*, Milaan, 1985, vol. 3, 223.

[85] DU MONT, *Corps*, vol. 4-3, 30.

RELIGIOUS AND HUMANITARIAN INTERVENTION IN SIXTEENTH- AND EARLY SEVENTEENTH-CENTURY LEGAL THOUGHT *

by

G.P. VAN NIFTERIK
(University of Amsterdam)

1. Introduction

Is there anything we can do when individuals or groups of individuals in another state are denied basic human rights or are being oppressed by their government or insufficiently protected against oppression by other groups in that state; when people are killed and humiliated in front of our cameras; when families are torn apart and their houses burnt down? Do we sit and watch, or are we entitled – or even obliged – to intervene and help these people? Can transboundary aid on humanitarian grounds be legitimate? What if it includes the use of armed force against a state or a state's government to protect the subjects of that state? In other words: can humanitarian intervention be legitimate?[1]

These questions are relevant to our times and an affirmative answer would give rise to many other questions. Can intervention be defended in relation to the sovereignty of states and the principle of non-interference in a state's internal affairs? What is the meaning of the prohibition of the use of force in Article 2(4) of the UN-Charter in this context? These obstacles can, of course, be eliminated by the UN Security Council which can determine that an actual breach (or denial) of human rights is a threat to international peace (conform to Article 39 of the UN-Charter). But what if the Security Council is unwilling or unable to come to a conclusion? Should humanitarian intervention be accepted as an exception to the prohibition of the use of

* I am grateful to L.J. van den Herik, A. Levine, K.M. Manusama and C.G. Roelofsen for their help and suggestions.

1 F.R. TESON, *Humanitarian Intervention: An Inquiry into Law and Morality*, Ardsley-on-Houdson/New York, 1988 gives the following definition of humanitarian intervention (p. 5): 'proportionate transboundary help, including forcible help, provided by governments to individuals in another state who are being denied basic human rights and who themselves would be rationally willing to revolt against their oppressive government'. S. CHESTERMAN, *Just War or Just Peace. Humanitarian intervention and international law*, Oxford, 2001 on p. 1 quotes the definition of his supervisor Ian Brownlie: 'the threat or use of armed force by a state, a belligerent community, or an international organisation, with the object of protecting human rights'; more definitions can be found in the footnotes. See also F.K. ABIEW, *The Evolution of the Doctrine and Practice of Humanitarian Intervention*, The Hague/London/Boston, 1999. There are of course more studies on (humanitarian) intervention.

force?

It is remarkable that the argument for the need for humanitarian intervention, if necessary at the expense of state sovereignty, is sometimes supported by a reference to the just war doctrine of the sixteenth and early seventeenth century.[2] To some, the idea of a *respublica* covering the whole world, regulated by an unanimous recognised (natural) *ius gentium* seems attractive in this context. We indeed find this idea quite often in the sixteenth-century legal thought, especially among humanist writers.[3] In this paper, I intend to deal with the right of intervention – in particular humanitarian intervention – in sixteenth- and early seventeenth-century (legal) thought. It is, however, not my intention to investigate whether or not this idea of a world state and the contribution of the sixteenth-century scholars to the discussion on intervention is still of use today. I have studied the subject as a legal historian.

Concerning the subject of state sovereignty, as well as the idea of the state as a sovereign actor on the international level, the sixteenth (and early seventeenth) centuries can be seen as periods of change, as links between the old and the new.[4] The idea of a (political) community, made up of the entire Christian world as an entity and based on the idea of a Roman-Christian empire and the cultural-religious unity of Europe (*respublica Christiana*),[5] evaporated eventually to make room for an international order based on national politics. It was an era of wars, many of them with a religious background, an era of religious intolerance and suppression and, incidentally, of (religious) intervention. It was an era of new faiths, new arms and new ways of fighting war. It was the era of the discovery of a New World, which brought new questions and new answers.

As pertaining to internal sovereignty, I would like to mention the famous *Les six livres de la République* (1576) of the Frenchman Jean Bodin. In his book, Bodin depicted the sovereign prince as the bearer of the sovereignty, his power being based on his primary right to make laws without anybody's consent. The prince is an absolute ruler, not bound by human law; he is *legibus (ab)solutus* and his will is the law. Bodin's thoughts brought about a revolution in the way of theorising on the ruler, since Bodin had turned the traditional approach of a prince's power upside-down. His ruler does not rule according to some expressly and separately entrusted powers, but

2 See T.D. GILL, Just war doctrine in modern context, in *Reflections on Principles and Practice of International Law. Essays in Honour of Leo J. Bouchez*, eds. T.D. Gill and W. Heere, The Hague/Boston/London, 2000, 17-64. However, Gill himself thinks that the recent call for the recognition of humanitarian intervention remembers the nineteenth century 'Concert of Europe' more than the just war doctrine of the ages before the Enlightenment.

3 See R. TUCK, *The Rights of War and Peace. Political Thought and the International Order from Grotius to Kant*, Oxford/New York, 1999, chapter 1.

4 This short introduction on the sixteenth century is based heavily on three studies: R.C. VAN CAENEGEM, *An Historical Introduction to Western Constitutional Law*, Cambridge, 1996; R. LESAFFER, *Europa: een zoektocht naar vrede? 1453-1763 en 1945-1997*, Leuven, 1999 and W.G. GREWE, *Epochs of International Law*, Berlin/New York, 2000 (translation of *Epochen der Völkerrechtsgeschichte*, translated and revised by Michael Byers). There is a lot of literature on each of the subjects mentioned here.

5 According to TUCK, *Rights*, 28-29 the term *respublica Christiana* is more attached to the fifteenth- and sixteenth-century humanistic view of the world than to medieval Christendom. The term is here used in the sense given to it in the literature mentioned in n. 4.

Bodin reasoned from the other direction and attributed to the sovereign all powers which were not specifically excepted.[6]

In the practice of politics, however, absolute internal sovereignty had to wait for the next century. The growth of absolute sovereignty over subjects was preceded by a process in which the national rulers acquired sovereignty on the international level. Only after this process had successfully been brought to an end could the national rulers strive for absolute dominion within their own territories without having to fear interference from the outside by a higher authority. The old, medieval monarchies had been neither absolute nor sovereign on the international level.[7] At least in theory, two authorities stood above the medieval monarchs, the Emperor and the Pope. And although all scholars seem to agree that there is an important divergence between their powers in theory and in practice,[8] the authority of the Pope actually did have significant weight. However, the Pope's power also came under pressure from the early fourteenth century on by the emergence of European nation states. In addition, the beginning of the sixteenth century marked the end of the religious unity in Europe, a consequence of the Reformation. Soon parts of Europe did no longer recognise the Pope's authority at all.

From the sixteenth century onwards, national sovereign states dominated on the international level. Europe entered the era of classical absolutism: an unlimited royal power and the absence of any supranational power. The international order slowly adapted itself to this new situation. One way of making it fit into the new international relations, was to re-interpret the old concept of the *ius gentium* as the law regulating the relations between (sovereign) states, as the law of nations.

Our present subject demands us to consider the doctrine of the just war (*iustum bellum*). Our particular question is whether, and in which cases, intervention can be a just cause for war (*iusta causa belli*). This just war doctrine has a long history, going back to Augustine and even to the Romans (Cicero).[9] It is, however, above all a medieval scholastic doctrine, to which Thomas Aquinas contributed substantially by summarising three basic requirements for a just war: princely authority (*auctoritas*

6 E.H. KOSSMANN, Popular Sovereignty at the Beginning of the Dutch Ancien Regime, in *Political Thought in the Dutch Republic. Three Studies*, Amsterdam, 2000, 131-166, at 141; this paper was originally written in Dutch ('Volkssouvereiniteit aan het begin van het Nederlandse ancien régime', *Bijdragen en Mededelingen betreffende de Geschiedenis der Nederlanden*, 95 (1980) 1-34 and in *Politieke theorie en geschiedenis. Verspreide opstellen en voordrachten*, Amsterdam, 1987, 59-92); the English translation was printed earlier in *The Low Countries History Yearbook/Acta Historica Neerlandicae*, 14 (1981) 1-28.

7 VAN CAENEGEM, *Historical Introduction*, 85 ff.

8 See for instance GREWE, *Epochs*, 12: 'At no point in time did the universal powers, Emperor and Pope, exercise a power which extinguished the political autonomy and independence of the temporal holders of particular power'.

9 See for a short introduction to this doctrine the paper by GILL, *Just war doctrine*. Further, apart from the literature mentioned in n. 4, P. HAGGENMACHER, *Grotius et la doctrine de la guerre juste*, Paris, 1983; W.L. LACROIX, *War and International Ethics. Tradition and Today*, Lanham/New York/London, 1988, 141-184 and J. BARNES, The just war, in *The Cambridge History of Late Medieval Philosophy. From the rediscovery of Aristotle to the disintegration of scholasticism, 1100-1600*, eds. N. Kretzmann, A. Kenny and J. Pinborg, Cambridge, 1984, 771-784 at 778-779 on (humanitarian) intervention).

principis), a good intention (*intentio recta*) and a just cause (*iusta causa*).[10]

As regards the princely authority, there was a tendency in the sixteenth century to stress this requirement and to disregard the other two. Some scholars even went so far as to change its original meaning that only the highest rulers were in a position to wage a just war if also the other two requirements were met, and to say that the authority of a prince itself would be enough to make a war legitimate. They saw war simply as the legal instrument of a sovereign to substantiate his claims on the international level.[11]

The second requirement, a good intention, demanded that the ultimate goal of a war was the promotion of the Good, especially the promotion of peace. Although the sixteenth century had produced a strong advocate for peace and non-violence in the person of Desiderius Erasmus,[12] most contemporary scholars defended war as a legitimate means to this end under certain circumstances. The so-called 'School of Salamanca' or the 'Spanish late-scholastics', for instance, more than once dwelled on the question whether any war could be just for a Christian ruler and answered that just war was always preferable to an unjust peace.[13]

It was about the third requirement that scholars discussed most extensively. Key elements for a just cause were the (natural) rights of self-defence and to retribution for injury.[14] One question, among many others, was whether an injury suffered by others could also be a just cause for war. Another question was whether injuries to God could legitimise war, even if there had been no human victims at all. These are questions on humanitarian and religious intervention, to which we will soon turn.

I have not been able to study all sixteenth-century writers on the right of war and had to make a selection. I have chosen to start with the initiator of the School of Salamanca, Francisco de Vitoria. Then I turn to Calvinist theorists. I have chosen to study the *Vindiciae contra tyrannos* (published under the pseudonym Stephanus Junius Brutus), because in this book our question is treated extensively and in a chapter of its own. Next I turn to Jean Bodin for his view on the relation between sovereignty and intervention. Bodin himself presented his study as an answer to the *Vindiciae* and some of the other famous works of the French Calvinist Monarchomachs. The Spaniard Balthazar Ayala is mentioned as a follower of Bodin's theory. Of course, this study on sixteenth- (and early seventeenth-) century legal thought on this aspect of the right of war (and peace) would not be complete without the Protestant jurists Alberico Gentili and Hugo Grotius. Their works, just as those of Vitoria and Ayala, belong to the classics of international law.

10 *Summa Theologiae* IIaIIae, 40.1.

11 LESAFFER, *Europa* 115 en 223. See also Grewe, *Epochs*, 203-225.

12 Especially the younger Erasmus defended that an unjust peace was preferable to a just war. See J.A. FERNANDEZ-SANTAMARIA, *The State, War and Peace. Spanish Political Thought in the Renaissance 1516-1559*, Cambridge, 1977, 130 ff. and LESAFFER, *Europa*, 106 ff.

13 FERNANDEZ-SANTAMARIA, *State*, 138; see also B. HAMILTON, *Political Thought in Sixteenth-Century Spain. A study of the political ideas of Vitoria, De Soto, Suárez, and Molina*, Oxford, 1963, 135 ff.

14 See HAGGENMACHER, *Grotius et la doctrine*, 148 ff. for the somewhat hybrid meaning of *(iusta) causa*.

2. Francisco de Vitoria

The Dominican theologian Francisco de Vitoria (1483/93-1546) was the initiator of what is often called the School of Salamanca or Spanish late-scholasticism.[15] The influence of the Spanish school has been enormous, especially on the law of nations. At the University of Salamanca, Vitoria was lecturing theology from the *Summa Theologiae* of Thomas Aquinas, on which he also wrote a commentary. His fame, however, is based first of all on his *Relectiones theologicae*, designed for educational purposes and published only after his death. Vitoria explicitly questioned the legitimacy of the presence of the Spaniards in the New World and their right to rule over, and to wage war against the Indians in two of these *Relectiones*, the famous *Relectio De Indis noviter repertis* and the *Relectio De iure belli* (also known as *pars prior* and *pars posterior* to the *De indis et de iure belli relectiones*).[16]

The question in his *Relectio De Indis noviter repertis* is whether the Spaniards are entitled to bring the Indians into their power and, if necessary, to make war on them, even if the Spaniards themselves have not suffered any injury. At the beginning of his *De iure belli*, Vitoria says that the seizure and occupation by the Spaniards of lands of the Indians can best be defended under the law of war. Vitoria's general principle on this law is that there can be only one just cause for war: an injury suffered, *iniuria accepta*. He adds, however, that in special cases God may have given injunctions inconsistent with this general principle, that would make a war legitimate even if the general principle were not met (*De iure belli*, 13). As we will see below, these God given injunctions are of importance to our subject.

The first six paragraphs of the second section of the *De Indis* (On the illegitimate titles for the reduction of the aborigines of the New World into the power of the Spaniards – *De titulis non legitimis, quibus barbari Novi Orbis venire potuerint in dicionem Hispanorum*) deal with the questions whether the Emperor and (or) the Pope are (is) lord of the world and whether the Pope has any temporal power (*potestas temporalis*) over the non-catholic Indians. If these questions are answered in the affirmative, the rights of the Spaniards to bring the Indians into their power and to wage war on them would (in many or all cases) depend on the Emperor's and (or) the Pope's authorisation. Vitoria, however, flatly denies that either of them is lord over the world.[17] He points out that neither by divine, nor by natural or even by human law, the Emperor can be said to have dominion over the whole world. Vitoria grants the

15 On the contribution of the scholastic (including the late-scholastic) tradition on the rights of war: TUCK, *Rights*, 51-77; on their contribution to the law of nations: GREWE, *Epochs*, 135-275; on their contribution to political thought: Q. SKINNER, *The Foundations of Modern Political Thought*, Cambridge, 1978, vol. 2, 135-184; on their contribution to the idea of human rights: A. GARCÍA Y GARCÍA, The Spanish School of the Sixteenth and Seventeenth Centuries: A Precursor of the Theory of Human Rights, *Ratio Juris* 1997, 25 ff. See on Vitoria: HAMILTON, *Political thought*; Fernandez-Santamaria, *State*; GREWE, *Epochs*, 145-148, 179-180 and 204-207 and K. SEELMANN in *Juristen, ein biographisches Lexikon*, ed. M. Stolleis, München, 1995.

16 I used the edition Francisco DE VITORIA, *De indis et de iure belli relectiones, being part of Relectiones theologicae XII* (The Classics of International Law), Washington, 1917.

17 See for the answer of the School of Salamanca to these questions A. PAGDEN, *Lords of all the World. Ideologies of Empire in Spain, Britain and France c. 1500-c.1800*, New Haven/London, 1995, 46 ff. See also FERNANDEZ-SANTAMARIA, *State*, 61-2 and Tuck, *Rights*, 58 ff.

Pope temporal power only as far as it sub-serves spiritual matters. As long as the Pope lacks any spiritual power over the Indians (because they are not Christians), he also lacks temporal power over them. So the right of the Spaniards to bring the Indians into their power can not be based on the power of the Emperor or of the Pope.

Vitoria next turns to the question whether the Spaniards are still entitled to be present in the New World and to use force against the Indians. In dealing with this broad subject, Vitoria at several instances considers questions relating to our present subject. One of the questions Vitoria raises in his *De Indis* (II.15-16) is whether the 'sins' against (Christian) nature committed by the Indian aborigines give a Christian prince a title to wage war against them. Vitoria thinks of cannibalism and promiscuous intercourse with mothers or sisters as well as with males. Some have defended, *inter alia* Pope Innocent IV, that injuries done to God in itself were a cause for war and that Christian princes were entitled to avenge these injuries and to compel the wrongdoers to keep God's laws.[18] Vitoria, however, rejects this title for the use of force. As a rule, he says, Christian princes can not legitimately by force restrain these people from committing these sins, nor can they punish them because of these sins, not even with the authorisation of the Pope. He gives several 'proofs' for his opinion, mainly based on his denial that the Pope, or any other ruler (such as the Emperor or the Spanish king), has jurisdiction over the Indians. In other words, neither the Pope nor the Emperor nor the Spanish king are demanded to correct these people and to punish the offences against God. It is up to God Himself, or to any ruler who has jurisdiction over these wrongdoers, to correct them and to inflict the punishments.

From this statement we may conclude that according to Vitoria intervention in cases such as these mentioned above, by which a people is forced into someone's power, always requires either jurisdiction or a specific title to use force against this people or its ruler, and that non-intervention is a basic principle. The ruler and his subjects within their territory should be left alone. This principle does not conflict with a ruler's right to inflict transboundary punishment in cases where injury is suffered by the ruler himself or by the people or state governed by him. For Vitoria also acknowledges that the universal *respublica*[19] by natural law has the power, and is entitled, to do what is needed to govern and defend itself, including the right to punish in order to deter wrongdoers. Executors of this right on the international level are the rulers, thereby acting as the instruments, and therefore on authority of the larger, universal *respublica* (*De iure belli*, 19). However, in cases of injuries done to God, and not to any ruler in particular (or his people), no one is specifically entitled to act as the instrument of the international *respublica*, or of God.

The picture changes as soon as the 'sins against nature' entail the sacrifice of innocent people (*homines innocentes*) or the killing in other ways of uncondemned persons (*indemnatus*) for cannibalistic purposes (*De Indis* 3.15). In cases of such

[18] Vitoria referred to Innocent IV commenting on X. 3.34.8 (*pro defensione*) in his *Commentaria doctissima in Quinque Libros Decretalium*. See also TUCK, *Rights*, 60-61; J. MULDOON, *Popes, Lawyers and Infidels* [The Church and the Non-Christian World, 1250-1550], Liverpool, 1979, 5 ff., 29 ff. and 146 ff and P. HaggEnmacher, Sur un passage obscur de Grotius. Essai de réponse à Cornelis van Vollenhoven, *Tijdschrift voor Rechtsgeschiedenis* 1983, 295-315.

[19] FERNANDEZ-SANTAMARIA, *State*, 97 ff.

tyrannical behaviour, as well as in cases of tyrannical laws permitting such wrongs (*iniuria*) to innocent people, all other peoples – including the Spaniards – do have a title to intervene and stop these nefarious usages and rituals, with or without the Pope's authorisation. As all other humans, the Spaniards are generally entitled to defend the innocent from an unjust death, and it is especially the business of rulers to do so. This title is based on God's command whereby He laid charge on every individual to be concerned about his neighbour (*Ecclesiasticus* 17:12: *Et mandavit illis unicuique de proximo suo*), to which Vitoria adds that all are our neighbours, including the Indian aborigines. Another 'proof' Vitoria uses to show that the Spaniards are indeed entitled to act against the Indians is *Proverbs* 24:11: 'Deliver them that are drawn unto death, and forbear not to free those that are being dragged to destruction' (*Erue eos qui ducuntur ad mortem, et qui trahuntur ad interitum liberare ne cesses*). Anyone may defend these innocent people. According to Vitoria, the Spaniards may even go so far as to make war on the Indians and, if necessary, to change their rulers. Vitoria adds that the assent of the Indians themselves with such sinful usages and rituals would not change anything, for they are not of their own right (*non ita sunt sui iuris*) to decide over themselves in this matter and to deliver themselves or their children to such deaths. It is in these cases only that Vitoria finds the opinion of Innocent IV sound, that punishment can be inflicted for sins against nature.[20] If I read his words correctly, it is not the avenging of the offences that is important to Vitoria, but rather the defence, by means of punishments, of those who are in danger. It is important to note that a ruler's jurisdiction over his subjects is subordinated to the other ruler's right to intervene in order to defend the innocents. Intervention in cases of a serious threat to anybody's safety seems a rather extensive exception to the principle of non-intervention. Although I admit that the threat Vitoria thinks of does have a religious perspective (sacrifice of humans, nefarious usages and rituals), and that he probably only thinks of religious settings in which such sins take place, his main interest, so it seems, is to stop inhuman behaviour against humans. It therefore seems reasonable to look upon this type of intervention as humanitarian, rather than religious.

A similar view is found in *De Indis* 3.13, dealing with the defence of those among the Indians who have converted to Christianity and, through their rulers, are by force or by fear (*vi aut metu*) recalled to idolatry. In these cases the Spaniards are entitled to wage war and to force the Indians to stop such behaviour, to which end they even have the right to depose Indian rulers if necessary. For, says Vitoria, Christians, and among them the Spaniards, have a special duty to do good unto those of the same household of faith (*ad domesticos fide*). This title, Vitoria himself says, is not based on religion only, but on friendship and the bond of humankind (*[titulus] amicitiae et societatis humanae*). Native converts to Christianity have become friends

[20] I do not agree with TUCK, *Rights*, 74 where he says that Vitoria draws a distinction that is 'far from clear'; conform also MULDOON, *Popes*, 149. According to Vitoria the Spaniards only have a title to intervene when the sins against nature (or society's policy permitting such sins) are a threat to anybody's safety. In actual cases of murder, theft and victimless-crimes there is no (in case of murder: no longer) such threat. If these sins are a society's policy, Vitoria would say it is a tyrannical policy, on which I come to speak below.

and allies of all Christians and so the Spaniards are under the obligation to do good to them. Moreover, as soon as a large part of an Indian people is converted to Christianity, the Pope will be entitled to intervene and to depose an unbelieving ruler and give these Christians a Christian ruler. This of course can be based on the Pope's (temporal) power sub-serving spiritual matters.

Vitoria himself may not haven been willing to call this a title based on religion only, in my opinion it is religious intervention. This second exception to the principle of non-intervention is broader even than the right to intervene on what I have called humanitarian grounds, because Vitoria bases this right of intervention on the requirement to do good to someone of the same faith, so that it can also be used in cases where nobody's life is actually threatened. Surprisingly, if the Indians are hindered from converting to Christianity after having heard the Spaniards preaching the Gospel, this is considered an injury to the Spaniards themselves, which directly gives them a just cause for war (*De Indis* 3.12). This hindrance, so runs the argument, is against the interest of the spread of Christianity, which is the duty of the Spaniards.[21]

When we turn to Vitoria's commentary on *quaestio* 40 (*De bello*) of the *Secunda Secundae* of Thomas Aquinas' *Summa Theologiae*,[22] we find another ground for waging war against a ruler in order to help his subjects. In Section 1.6 Vitoria deals with the question whether or not a ruler may wage war against another ruler who treats his subjects tyrannically. If the tyranny is manifest, Vitoria's answer is affirmative. Rulers are entitled to wage war against other rulers on behalf of that ruler's subjects if these subjects themselves would have the right to take up arms against their ruler (*ius bellandi contra regem*). The people are innocent, says Vitoria, and foreign rulers are able and licensed by the law of nature to defend the world in order that no wrongs be done to it (*defendere orbem ne fiat ei injuria*). Vitoria here uses the argument that rulers have a licence to act against any form of oppression all over the world and to render aid to a peoplc in their fight against their ruler. This right of any ruler to wage war on behalf of an oppressed people, however, depends on the right of the subjects themselves to wage war against their ruler; if the people does not have itself a *ius bellandi*, foreign rulers should stay at home.

In spite of Vitoria's initial reservations about the behaviour and the presence of the Spaniards in the New World, the result of his *Relectiones* is that the Spaniards could choose out of eight titles to wage war against the Indians and to bring them into their power. Some of these titles have to do with our subject, the question of intervention. Whatever one may think about these titles, which could be used to legitimise the subordination of the Indians, Vitoria does have an idea about rulers as the defenders of humanity and of innocents in danger. This role is based on God's command to man to be concerned about his neighbours. All humans should render aid when someone is in danger. In addition to this, Christians should do so when a fellow

[21] I would like to cite MULDOON, *Popes*, 150 in this context: 'What was obviously lacking in this discussion for the most part was firsthand knowledge of the situation in the Americas'.

[22] I have used the (Latin) edition (by R.Vicente Beltrán de Heredia), *Comentarios a la Secunda secundae de Santo Tomás*, (Biblioteca de Teólogos Españoles III), Salamanca, 1932, vol. 2.

Christian suffers religious oppression. My conclusion is that non-intervention is a basic principle in the thoughts of Vitoria on this subject. However, major exceptions are made on this principle based on humanity and religion. To this we may add the possibility to render aid to those who themselves have a right to make war against their ruler.

It is remarkable that Vitoria's views on intervention were to a large extent restated in the works of the Jesuit Francisco de Suárez (1548-1617) almost a century later.[23] Suárez was a rather late but influential representative of the School of Salamanca, who for a long time lectured on theology at the University of Coimbra. He also concluded that, apart from the aid to someone who himself has a right to wage war (whether this is a ruler, or a *respublica*), a Christian ruler is entitled to wage war for two other reasons: serious injury done to him (or to his people, those under his protection, his allies or friends), and to protect the innocents.[24]

3. Vindiciae contra Tyrannos

Not only catholic scholastics dwelled on our problem.. Also the Protestants paid attention to questions concerning the right of a ruler to aid the subjects of another ruler. It is well known that the Calvinists in their political theory had alluded considerable rights of resistance to (lesser) magistrates and the representatives of the people. The right of resistance was of special importance to the so called Monarchomachs from France such as the Huguenots François Hotman, Theodor Beza and the author of the *Vindiciae contra tyrannos* (published under the pseudonym Stephanus Junius Brutus),[25] for they themselves had suffered serious religious oppression under the king of France.[26] They also discussed the right of a foreign ruler to render aid to the oppressed subjects.

We find our subject extensively discussed in the *Vindiciae contra tyrannos*

[23] See especially his *Defensio Fidei Catholice*, VI.4 (I have used the edition Coloniae Agrippinae, 1614) and *Disputatio XIII de Charitate*: *De Bello* part of the larger *Opus de triplici virtute theologica, fide, spe, et charitate* (I have used the edition Moguntiae, 1622). On Suárez see, apart from the literature in n. 15, H.A. LLOYD, Constitutionalism, in *The Cambridge History of Political Thought 1450-1700*, ed. J. Burns, Cambridge, 1991, 254-297 (especially 292-297) and J. SODER, *Francisco Suárez und das Völkerrecht. Grundgedanken zu Staat, Recht und internationalen Beziehungen*, Frankfurt am Main, 1973 (especially chapter XI, although I think he is wrong on p. 328 as far as Vitoria is concerned; on this, see also E. TIEßLER-MARENDA, *Einwanderung und Asyl bei Hugo Grotius* (Schriften zur Europäisechen Rechts- und Verfassungsgeschichte XLII), Berlin, 2002, 222-223). TUCK, *Rights*, 51-77 focuses on Luis de Molina's views on the right of war as representing (late-)scholasticism.

[24] Francisco DE SUÁREZ, *De Bello* V.6: *Christianus princeps non potest indicere bellum, nisi vel ratione iniuriae, vel ob defensionem innocentum.*

[25] Modern scholars point either to Philippe du Plessis-Mornay (or Duplessis Mornay, 1549-1623) or to Hubert Languet (1518-1581) for the authorship of the *Vindiciae*. See on this B. NICOLLIER-DE WECK, *Hubert Languet (1518-1581). Un réseau politique international de Melanchton à Guillaume d'Orange*, Genève, 1995, 465-487. The (still unsolved) question of the authorship is not of special interest for our present subject. I therefore will simply use the name under which it was published originally, Brutus.

[26] On Monarchomach political thought and its background: SKINNER, *Foundations* vol. 2, 302-348 and R.H. KINGDON, Calvinism and Resistance Theory, 1550-1580, in *Cambridge History of Political Thought*, 193-218, at 206-214.

(1579), often depicted as probably the best defence of the Huguenot case against the King of France.[27] The *Vindiciae* consists of four chapters on the right of resistance against tyrants. The fourth *questio* deals with the right, or obligation, of neighbouring rulers to render aid to the subjects of another ruler who are hindered in the exercise of the 'true religion' or who otherwise suffer from manifest tyranny. Brutus remarks at the beginning of this chapter that the whole question would be superfluous, if only people seriously showed charity to their neighbours. But, he laments, in his age charity is just as dear as it was rare among men.

A basic principle of Huguenot political theory is that tyrants can be restricted in their power, deposed and punished by the people, i.e. by the lesser magistrates and the people's representatives. But what can be done, Brutus asks, if the tyrant is too strong or the people too weak? Is it permissible for another Christian ruler to help the people and to defend the religion, the Christian community, or the particular kingdom?

Brutus first treats the case of religious oppression, i.e. when the subjects are obstructed in the exercise of the true, that is the Protestant, faith. The Church is one and we can compare the Church to a body, a building or a ship. All these comparisons serve only one goal: to make clear that the existence of the whole Church depends on the health of all its parts. For a body can not function well if a part is ill; so too does the solidity of a building depend on the whole construction; and for a ship to stay on course it is necessary that all work together and strive for the wellbeing of the whole ship. He who is not moved, Brutus continues, by an attack on one part of the Church does not truly belong to that body himself and can not be said to live in the service of Christ, and will receive no place in the Ark. The Church is one and is committed and entrusted to each and every magistrate. Therefore, a ruler can not confine himself to the defence of only the part of the Church within his own territory. If he does so, he neglects his duty towards the Church as a whole and so he fails to protect and defend this bride of Christ. Rulers, says Brutus, receive the sword to protect the Church in all wind directions. Territorial limits, frontiers and barriers are insignificant for pious rulers as soon as the glory of God and the kingdom of Christ are at stake.

Brutus' argument on religious intervention goes beyond that of the catholic Spaniards. It is not mainly the defence of (the life of) innocent victims that is important to him, but the obligation of all Christian rulers to defend the unity of the Church as a whole. It is not just the use of violence against the subjects for religious reasons, but every attack on the unity of the Church that may give rise to transboundary help. Moreover, a neighbouring ruler is not just licensed to help in case the Church is in danger, he even is obliged to cross the border and to defend the

[27] Thus, for instance, SKINNER, *Foundations* vol. 2, 305; M. VAN GELDEREN, *The Political Thought of the Dutch Revolt 1555-1590*, Cambridge, 1992, 270-271 calls the *Vindiciae* 'the most famous and surely the most comprehensive treatise of "monarchomach" ideology'. I will refer to the edition Edinburgh (the true place of publication being Basle, 1579). For the paraphrases in English I made use of the translation of G. GARNETT, *Vindiciae, contra tyrannos*, Cambridge, 1994 and to a lesser extent, since the chapter on our subject is rigorously shortened and even under-represented, of the translation of J.H. FRANKLIN, *Constitutionalism and Resistance in the Sixteenth Century. Three Treatises by Hotman. Beza, & Mornay*, New York, 1969. See on the argument of the *Vindiciae* also both translators's introductions.

Church. It is not the (innocent) people, it is the Church that the ruler is obliged to defend. Whereas Vitoria and Suárez maintain that intervention could be legitimate for the sake of the defence of a nearby person who suffers oppression, Brutus says it is the Church that has to be defended, if necessary through foreign assistance. Brutus maintains that it is a duty to render assistance to Christ when He is afflicted in His members.

The argument continues and, surprisingly, even gets sharper. There may be other than just religious reasons for a ruler to render aid to the subjects of another ruler. Whoever is able to save somebody's life, but does not, or whoever is able to stop or prevent tyranny, but refrains from doing so, says Brutus, is guilty of the same injustice (murder, tyranny) that he could have prevented. Just as there are two types of justice (harm no-one and serve the welfare of all), there are two types of injustice: one of those who attack, the other of those who fail to defend, when they can, those being attacked. Even a heathen can teach us on this matter, according to Brutus, referring to Cicero (*De officiis* 3.6.27), who has said that since the nature of all men is one, nature itself ordains that man shall desire to show concern for another man, whoever he may be, simply because he is a fellow-man. Otherwise, all human association would, out of necessity, dissolve completely.

We are no longer dealing with the defence of the true religion and the Church, we are now dealing with the defence of all human beings against all kinds of injuries. Brutus also has an answer ready for those who would say they have not defended somebody, to prevent doing wrong to somebody else. According to Brutus, this is nothing else than covering an injustice with the veil of justice. What's more, he adds, again referring to Cicero (*De officiis* 1.9.29), he who is able, and therefore obliged to render aid but does not, falls into another category of injustice: for he deserts life in society, since he contributes to it none of his zeal, none of his effort and none of his abilities.

However, one could still use another argument against transboundary help, to be found in Digest 50.17.36, stating that it is culpable to involve oneself in an affair with which one has no concern. But, Brutus replies, if a ruler transgresses the boundaries of religion and justice, another ruler may with a clear conscience and justly transgress the territorial boundaries to constrain the other ruler to his duty. It would even be impious not to do so. If I read the *Vindiciae* correctly, a ruler can even say that the exercise of tyranny over a neighbouring people is not a affair 'with which he has no concern'. Since it is mankind as a whole that is at stake and since he, as a ruler, is responsible not only for his own people, but for mankind as a whole, it is also his business. Religion, according to Brutus, commands us to maintain the law of God and to defend the Church, justice commands us to use force against a tyrant who subverts the rights of a commonwealth, and charity commands us to relieve the oppressed and to lend a helping hand. He who does not follow these commands, shows that he wishes for the extinction and removal of religion, justice and charity from our midst. Thus speaks Brutus, at the end of this *Questio*.

It may be useful to consider Brutus's line of thought in this chapter in connection with the political theory set out in the *Vindiciae* as a whole, since it has been argued that the fourth *questio* does not fit in with the rest of the argument.[28] The power of a ruler is the result of a twofold covenant, one between God and both the ruler and the ruled, the other between the ruler and the subjects. In the covenant with God, the ruler promises to keep the law of God, to be understood as the two tables of the law handed to Moses, the first comprising the worship of God (piety), the second the duty towards our neighbours (justice united with charity, thus in the first *questio*, ed. 24/25). The obligation of neighbouring rulers to render aid to a foreign people and to restrain an oppressive tyrant can only be based on the covenant with God. Obviously, the obligations based on this covenant are not limited by the boundaries of a territory, but by the limits of abstract concepts such as true religion, justice and charity. Therefore, the obligation to defend these concepts is not diminished by the division of the earth into separated jurisdictions.

As opposed to Vitoria and Suárez, Brutus does not think of the defence of oppressed individuals in the first place, but of the defence of the commonwealth or the community as a whole, the Church or Mankind, regulated by the laws of God. The common bond of all men has not been disbanded by the division of the world into political entities or jurisdictions, nor has the unity of the Church been put aside. It is the (political) power of a ruler that obliges him to go beyond the boundaries of his territory and to fulfil his task as a ruler towards the Church and Mankind.

4. Jean Bodin and Balthazar Ayala

We now turn to the Frenchman Jean Bodin (1529/30-1596), whose response to the Huguenot theories of resistance by way of his six books on the commonwealth (*Les six livres de la République*, 1576),[29] has been very influential on the doctrine of internal sovereignty.[30] Famous is his definition of sovereignty as 'la puissance absolue et perpetuelle', the absolute and perpetual power over the citizens and subjects in a commonwealth. The sovereign ruler is not bound by any human law and his first and chief mark is the power to give laws to all his subjects in general, and to everyone in particular, without the consent of any other greater, equal or lesser than himself (chapters 1.8 and 1.10, ed. 122, 129, 132 and 221). Bodin never said that there were no limits to the sovereign's power; in fact, he accepted several of them. First of all there are the laws of God and nature, to which the sovereign ruler is bound, just as every other man. Then there may well be some 'Loix Royales' (*leges imperii*). Also, the sovereign ruler may be in need of the permission of the Estates to levy new taxes. Important, however, is that these restrictions to the sovereign's power are not legally

28 Garnett in the introduction to his translation of the *Vindiciae* on p. liii: 'In his anxiety to find some justification for external intervention on secular grounds, the author cuts several crucial threads, and his whole argument begins to unravel, leaving only the core of natural law running through it.'

29 I have used the edition Paris, 1586/Aalen, 1961 (1977), with the 'Apologie de R. Herpin'. For the translations I also consulted *The Six Bookes of a Commonweale* (edited and with an introduction by Kenneth Douglas McRea), Cambridge, 1962 (fasc. ed. 1606).

30 The literature on Bodin is numerous. For a short introduction to his thoughts: SKINNER, *Foundations* 2, 284-301 and J.H. FRANKLIN, Sovereignty and the mixed constitution: Bodin and his critics, in *Cambridge History of Political Though*", 298-328 at 298-308; I also make use of J.H. Franklin, *Jean Bodin and the Rise of Absolutist Theory*, Cambridge, 1973. See also U. SPECK, in *Juristen, ein biographisches Lexikon* and GREWE, *Epochs*, 177-179.

enforceable, so that there are no legal instruments to prevent a sovereign from going beyond the limits of his power or to punish him for having done so. If such instruments are available, the ruler is not sovereign according to Bodin.

However, not all rulers can be called 'Prince souverain' indeed, not even all rulers with unrestricted power can. There may well be an absolute ruler who has received his power without election, or right of succession, neither by lot, just war or special calling of God, and who of his own authority has assumed power. It is this kind of ruler that Bodin thinks of in the first place, when he in Chapter 2.5 asks whether it is lawful to lay a violent hand upon a tyrant, and after his death to disannul all his acts, decrees and laws. Without more ado, Bodin states that these tyrants *ex defectu tituli* may be killed without any form of trial (ed. 298 and 299), the only restriction being that the killing should take place within a period of hundred years after these have come to power; after this period, the ruler (or more probably his successor) may well be entitled to the power by prescription.

More problematic is the ruler who came to rule legally (by election, right of succession, lot, just war or special calling of God), but who abuses his power by acting cruelly, by exploiting people, or by just behaving tyrannically. The distinction between both kinds of tyrants is, of course, an old one, going back to Thomas Aquinas and Bartolus de Saxoferrato. Can a tyrannical ruler be killed, even if he is a 'Prince souverain'? As far as it concerned the subjects, Bodin's answer quite logically is to the negative. As we have seen above, a sovereign ruler can not be restrained in a legal way, 'par voye de justice'. So how can it ever be legitimate for the subjects to restrain him 'par voye de faict'? Civil disobedience is the only remedy for the subjects in case their sovereign violates the laws of God and nature. However bad and cruel the tyrant may be ('pour mechant & cruel qu'il soit', ed. 307), under no circumstances can a subject ever legitimately resist or kill his sovereign ruler.

But this is not the whole story. For, as we have seen, Bodin also maintains that every ruler, even one with sovereign power, is bound by the laws of God and nature. Sovereignty does not entail morally unlimited power, but legally unrestricted power. It may not be permissible for the subjects to restrain their sovereign ruler, nothing has been said of foreigners so far. In Bodin's theory, sovereign power first of all means *internal* sovereignty, i.e. sovereignty within one commonwealth. But foreign rulers, according to Bodin, are not only licensed to take action against a neighbouring tyrant, it is even honourable for them to do so. It is for rulers all over the world to avenge and chastise ('venger', 'châtier') the violations of the laws of God and nature and to correct a tyrant (ed. 300 and 307). Bodin's encouragement of transboundary intervention is so strong that he feels compelled to deny that he intends to invite foreign rulers into France (*Apologie*, ed. 4ff.).

As in the *Vindiciae contra tyrannos*, it is not the protection of individuals that is important to Bodin. Important to him is that the violations of the laws of God and nature be avenged. We can conclude that Bodin's sovereign ruler is seriously and even by threat of enforcement bound by the laws of God and nature, not only morally. A ruler is not free to do whatever he likes to do; he has a certain task to fulfil and he should fulfil this task within certain limits. It runs against the concept of sovereignty if those over whom he rules can legally restrain the ruler. For sovereignty means legally unrestricted power over the subjects. But foreigners are not touched by his sovereignty and foreign rulers indeed are expected to revenge and chastise violations of the laws of God and nature. Although this last element of course is not uncontested – see the opinion of the Vitoria above – it was in harmony with Bodin's theory of sovereignty. It does not bind the ruler to any human laws, nor does it permit the subjects to pass judgment over their sovereign.

The political views of the Spaniard Balthazar Ayala (1548-1584), born and raised in the Netherlands, were largely based on Jean Bodin's theory on sovereignty. This catholic jurist was an important spokesman of the Spanish view on the Dutch Revolt against the King of Spain. Just as Bodin, Ayala holds that revolt against a legitimate ruler can never itself be legitimate. It would violate the law of nature if an inferior were to judge a superior.

More than Bodin, Ayala deals with our subject in the terms of the just war doctrine.[31] Ayala's first requirement for a war to be just is *auctoritas principis*. Only a *summus princeps*, or the bearer of the *summum imperium* – in theory this can also be the people – is entitled to wage war. As a consequence, rebels never can have a *ius belli* against their *summus princeps* and the battle they fight can never be a just war. Since rebels, and Ayala thinks of those in the Netherlands in the first place, can never fight a just war, suppression of a rebellion by the ruler is not a war, but simply the exercise of the ruler's jurisdiction. Ayala does not agree with Bodin that a legitimate ruler who behaves tyrannically – Ayala explicitly says a legitimate ruler can never actually *become* a tyrant, however tyrannical his behaviour – can be restrained by foreign rulers. If a foreign ruler comes to aid the subjects of a legitimate ruler, this would, according to Ayala, simply mean that he obstructs a legitimate ruler in the exercise of his jurisdiction.

More than any of the authors mentioned above, Ayala lays stress on the role of the Pope in international affairs. The Pope, as the vicar of God on earth, has received both swords to safeguard the peace and the existence of the Christian commonwealth (*christiana respublica)*. The Pope's role in Ayala's theory comes close to that of the United Nations today: peacekeeping within the (Christian) world. Only the Pope can coerce a tyrannical ruler and compel him to administer justice; only he can depose a ruler and can liberate the subjects of their sworn allegiance. Ayala's rational behind this is the same sort of argument we have seen used by Vitoria: only the Pope has jurisdiction over all Christians and, therefore, only the Pope has the power to do whatever is necessary to safeguard the Christian commonwealth.

5. Alberico Gentili

Alberico Gentili (1552-1608) was an Italian emigrant in England. This protestant jurist wrote an extensive treatment on the right of war, *De iure belli* (1588, revised edition 1598).[32] His work is an example of sixteenth-century humanist legal and

[31] I used Balthazar AYALA, *De Jure & Officiis bellicis, & disciplina militari, Libri III* (The Classics of International Law), Washington, 1912; especially 1.2: *De bello iustis causis*. See on Ayala GREWE, *Epochs*, 207-209 and Lesaffer, *Europa*, 112-113.

[32] I used A. GENTILI, *De iure belli libri tres* (The Classics of International Law), Oxford/London, 1933. My references are to the Latin text; my paraphrases in English are based on J. Rolfe's translation.

political thought. He is often said to have influenced Hugo Grotius more than the latter has been willing to admit; however, it is also pointed out that the differences between the two are more significant.[33] Gentili deals with our subject in several chapters of his *De iure belli*.

Chapter 1.15 is called 'Of defence for the sake of honour' (*De honesta defensione*) and deals with the natural causes for a defensive war, based on honour.[34] Gentili thought of a war of defence for honour's sake, which is undertaken merely for the sake of others, without any fear or danger to ourselves, through no need of our own and with no eye to our advantages. The reason for such a war may rests on the fundamental principle, as Gentili calls it with references to Cicero and Seneca, that nature has established among men kinship, love, kindness, and a bond of friendship. This, of course, is the Stoic doctrine that the whole world constitutes one 'state' of mankind, the doctrine that all men are fellow citizens and that they all are members of one great body; the whole world is our home. This human society is governed by the law of nations (*ius gentium*), based both on the *usus gentium* and on natural reason.[35] Gentili's stress on the association of all men is characteristic for humanistic legal and political thought in this period. Even if this bond generally speaking can not be said to have been very intense, it was enough for humanist writers to justify all sorts of intervention.[36]

Gentili more than once uses the metaphor, adopted from Seneca, of a stone arch. The arch will hold only as long as all stones support one another. The entire body consisting of all men, Gentili says, is held together by a chain of charity (*vinculum charitatis*), charity not only towards our own family, our own neighbours and our own people, but towards all people all over the world. Justice not only demands us not to harm or not to attack anybody, but also to aid another human being in times of need. With Cicero, Gentili holds that even if we do not have regard for an individual man, we should still have regard for mankind. If we fail to show charity to a single man, the body of mankind based on human nature itself will collapse, just like the stone arch will if one takes out one stone.

Gentili's next move is that he ascribes the duties of the citizens towards each other within one state to the participants in the world state of mankind. The

33 See on Gentili: GREWE, *Epochs*, 209-214; HAGGENMACHER, *Grotius et la doctrine*, 173-176; LESAFFER, *Europa*, 113-114; Tuck, *Rights*, 16-50 and K.-H. LINGENS in *Juristen, ein biographisches Lexikon*; see further the Introduction by Coleman Phillipson in vol. 2 of the edition of the *De iure belli* I have used. On the influence of Gentili on Grotius, see P. HAGGENMACHER, Grotius and Gentili: A Reassessment of Thomas E. Holland's Inaugural Lecture in *Hugo Grotius and International Relations*, eds. H. Bull, B. Kingsbury and A. Roberts, Oxford, 1990, 133-176; T. MERON, Common Rights of Mankind in Gentili, Grotius and Suárez, *American Journal of International Law* 1991, 110-116 (Editorial comments) and B. KINGSBURY, Gentil, Grotius, and the Extra-European World in *Law of the Sea. The common heritage and emerging challenges*, ed. H.N. Scheiber (Publications on Ocean Development XXXIV), The Hague/London/Boston, 2000, 39-60.

34 HAGGENMACHER, *Grotius et la doctrine*, 173-176 is of great help to understand the problematic system of Gentili's *De iure belli*. On the one hand Gentili distinguishes between divine, natural and human causes for war, on the other hand between wars waged on account of necessity, utility or honour. All wars are either defensive or offensive.

35 GENTILI, *De iure belli*, 1.1 (ed. 10); also Phillipson in his Introduction, 22a.

36 TUCK, *Rights*, 34 ff.

participants in this world state are the nations and their rulers, and so they should aid and protect each other, as citizens do within their state. These nations and their rulers are to be seen as the actors within that world state and therefore are to be guided by the same rules and principles that guide the citizens in theirs: *sicut se habet privatus ad privatum, ita princeps ad principem* (ed. 110).

However, says Gentili, if we take a look at the law concerning our question on the defence for the sake of honour (*Quaero, quid iuris sit*, ed. 112), we must conclude that we are not strictly bound to defend another person. For although the opinions differ, the negative answer to this question is more general. So the real question, he continues, should be whether the defence of another person for the sake of honour can be just. Now all people, and especially all scholars, have answered this question in the affirmative. The defence of another person would even be just if the person in danger does not defend himself, and even if he does not want to defend himself. For, says Gentili, and we have seen the same argument in the *Vindiciae contra tyrannos*, he who can defend another person without danger to himself, but does not, is at fault himself. And if all this is true concerning citizens and private individuals, it is even truer, concludes Gentili, concerning the public actors in the world state. In the world state there is no magistrate who can avenge the wrongs and make good the losses, as can be done within the state. Gentili is well aware that in many cases of actual transboundary help of one ruler to another, the defender acts in his own interest as well, or probably even primarily. More important to him, however, is the fact that actual defence is offered and that the rules of the world state are protected. When Gentili at the end of this chapter turns to the defence of neighbours, it becomes clear that for him it is no problem indeed, if the defender also acts for his own sake: it is also our affair when our neighbour's house is on fire.[37]

So Bodin is wrong, says Gentili, when he maintains that we are only obliged to render aid to our allies (*socii*) if this is stipulated in a treaty between us. For anyone who does not render aid to an ally while he can is as much at fault as he who initially committed the wrong to our ally. The same applies if a wrong is done to somebody of the same 'race and blood', nowadays we would probably say 'of the same ethnicity'. What, Gentili asks next, if they are of the same religion? Of all the bonds between men – and Gentili acknowledged quite a few of these bonds: *si communione naturam, foedere ius gentium, legibus rempublicam, religione communi (re omnium potentissima), viscera hominum imploramus, & eius sancti, qui communionis istius caput est*, ed. 116-117) –, so he answers, religion is the strongest.

All this does not directly pertain to our present subject, the defence of the subjects against their ruler, but with the aid of one ruler to another. Important points of the chapter's argument, however, return in the chapter devoted to our specific question to which we will now turn. Chapter 1.16 'On defending the subjects of another against their ruler' (*De subditis alienis contra Dominum defendendis*), deals with a more particular point, namely the defence for the sake of honour as a natural cause for war. Gentili, in Chapter 1.16, differentiates between cases in which the subjects themselves have a just cause to revolt against their ruler and cases in which

37 Compare Digest 9.2.49.1, 43.24.7.4 and 47.9.3.6.

they have not.

We begin with the subjects having just cause against a ruler who treats them cruelly and unjustly. Gentili's argument at first shows resemblance to one that can be found in the works of the Spanish late-scholastics, such as Vitoria, who said that the division of the world into separated jurisdictions has not abolished natural law all together. Those who are subject to a ruler, says Gentili, do not therefore fall outside the community of all men, but are still members of this community. In other words, the arch of mankind, tied together by the *vinculum charitatis*, stands. Unless we would wish to make the rulers exempt from all laws, there must be someone to hold them in restraint. Gentili explicitly remarks that it was not his intention to introduce any conflicts of powers or to establish supervision of one ruler over another. What matters to him is that what by nature is closely connected – i.e. the kinship of all men with all fellow men – will not be separated. Gentili finds himself confronted with the problem that in cases of a conflict between a nation (*respublica*) and its ruler there was not, and according to Gentili there can not be, a judge (*iudex*) to settle the dispute. This is the situation, he says, whenever the number of subjects ready to revolt against their ruler and the character of their moves are such that the only way to stop them is by actually making war against them. If this is the case, the *respublica* itself must be seen as a public actor and must be considered equal to its ruler, just as in the world state one ruler is considered equal to another. If the situation is thus, we are dealing with one public actor (the *respublica*) against another (its ruler), the same situation as described in the previous Chapter (1.15). Therefore, other public characters – i.e. foreign rulers – can render aid to their fellow 'citizen' in the world state, and this can either be the ruler of the revolting subjects, or the revolting *respublica* itself, since in this situation both the ruler and the ruled are to be seen as public characters.

Interesting as this may be, it is, of course, only humanitarian intervention in a very narrow sense, for it can only take place when the revolting crowd acts as a public actor and on this ground is to be treated as a fellow citizen in the world state. If indeed the number of subjects in conflict with the ruler is too small to call them a public actor on their own, the conflict is to be seen as an internal affair, to be settled by a magistrate within that state.

The next problem treated by Gentili, is the situation in which the subjects do not have a just cause against their ruler. Perhaps, Gentili thinks, even the subjects with an unjust cause may be defended by foreign intervention on the same conditions as those who do have a just cause. If indeed a war is just when its purpose is to ward off injury (*propulsandam iniuriam*), the defence of the subjects of another ruler without a just cause can be just, since even these subjects deserve protection against cruelties and injustice. Gentili used the old, Platonic precept, popular in the Middle Ages and also in his own times: the kingdoms are not made for kings, but the kings for their kingdoms.[38] In other words: protection of the subjects against injustice is a thing any ruler should care about and when he does not – or when the king himself is the source of injustice –, other rulers can be expected to defend them.

38 See on this precept my *Vorst tussen volk en wet. Over volkssoevereiniteit en rechtsstatelijkheid in het werk van Fernando Vázquez de Menchaca (1512-1569)* s.l., 1999, 87.

Gentili realises that in fact it is unlikely ever to be the case that aid is rendered to subjects of another ruler – either with or without a just cause –, without any profit for the defender. Could the English's aid to the 'Belgians' against the Spaniards be said to be just, even if the 'Belgians' as subjects of the Spanish king may themselves not have had a just cause? According to Gentili, the English can be said to have done right, because of the bonds of kinship between the English and the 'Belgians', whatever the cause for revolt. Moreover, the condition of England's neighbours on the continent would have changed considerably had the Belgians been vanquished in this war. And so, since no one ought to be prevented from fostering liberty and since the new neighbours would have been disadvantageous to the English, they did right in rendering aid to the 'Belgians'. The great hero Leicester (*heros magnus Lecestrius*, ed. 127) rightly foresaw that the defence of the 'Belgians' would (also) be beneficial and necessary for England.[39] And as Justus Lipsius said before: Europe needed a bulwark (*vallum*) against the Spaniards, for otherwise nothing could stop their violence.[40]

The question of Chapter 1.25 of Gentili's *De iure belli* is whether there can also exist a honourable cause for an offensive war because of violations of the laws of nature or of mankind (*De honesta causa belli inferendi*). The Chapter's subject is a war waged not for our own sake and not even to defend others, but a war to correct and maybe even punish those who sinned against (one of) these laws. Gentili approves of the opinion of those who have used this as a just cause of war of the Spaniards against the Indians (see above). The Indians have committed all kinds of sins, even some involving animals. They eat human flesh and slay men for that purpose. All this is against human nature according to Gentili, and a war against those who have committed such sins, is like a war against brutes. As within a particular state a citizen is allowed to accuse someone who offended against the community or against the interest of all men, so within the world state any ruler is allowed to accuse, and, since there is no superior magistrate to turn to, to judge over an offender against human nature. Making war on such men is lawful, to protect our common, human nature.

Among others, Gentili refers to the *Relectiones* of Francisco de Vitoria to support his view, and to the Spanish jurist Diego Covarruvias as his opponent. However, Vitoria and Covarruvias hold the same view on this matter, so that the real divergence of opinion is between Gentili on the one hand and both Spaniards on the other. The Spanish war against the Indians, waged because of their sins against the (natural) law, according to both Spaniards, can be legitimate if the purpose of this war is to defend the (lives of) innocent victims of unlawful rituals. And they are right on this, says Gentili, for the pretext of religion can not be admitted when a right of humanity is violated at the same time (ed. 200). But Gentili also holds that an honourable reason for an offensive war can be found in the desire to avenge natural law, i.e. to punish those who have sinned against the law, an opinion indeed explicitly rejected by Covarruvias. For, says Covarruvias, God Himself is able to avert and ward

[39] See on this point and the contribution of Leicester in the Dutch Revolt against the Spanish King: VAN GELDEREN, *Political Thought*, 57-58.

[40] See also LESAFFER, *Europa*, 114.

off these injuries and to punish the offenders.[41] Gentili, on the other hand, even goes so far as to say that a war against atheists can be legitimate for the sole reason that not having any religion at all is against (human) nature, since it is natural to have some religion (*religio aliqua est a natura*). Those who have no religion whatsoever, can not be called human beings, for they themselves seemingly refuse to be human. War against them is a legitimate war of vengeance, a war to avenge our common nature. However, in agreement with the Spaniards, Gentili holds that it would not be lawful to make war upon the Indians simply because they refuse to hear the preaching of the Gospel.

Since Gentili in Chapter 1.25 deals with the question of the legitimacy of an offensive war, he feels obliged to scrutinise even more carefully the problem mentioned earlier, that those who actually profit from an intervention may themselves have acted unjustly. For defence, being based on natural law (ed. 205), is always and everywhere more favourable, and so things may be different now that we are talking about an offensive war. It is true, Gentili says, that it is not lawful for a private individual to ward off the force of his legitimate ruler against himself or against another person. It is also true that it is against law as well as nature to render aid to the wicked, for this would obstruct the execution of justice by the magistrates. All these truths, however, should not prevent us from rendering aid in order to stop an angry man making his own law by the use of arms. The purpose of all our interventions, either defensive or offensive, should always be to turn violence and arms into justice and equity (*ad iustitiam et ad aequitatem velit vim et arma retrahere*, ed. 207). If this condition is met, being the second of Aquinas's three basic requirement for a just war (*intentio recta*), we are right when we wage war for the sake of honour.

Important things have been put forward by Gentili on intervention. First of all, he sees the world as a sort of state in which the public characters –rulers, but also peoples or commonwealths – function as its members or citizens. Since this world state does not have any magistrates or any other public personages, the tasks normally carried out by these should be carried out by its members – i.e. the 'national' rulers – themselves. As a consequence, a ruler may well be both accuser and judge over another ruler. But he may also very well render aid in order to defend a fellow member. For an accurate understanding of Gentili, it is crucial to notice that the defence of a fellow member includes the possibility that aid is rendered to a body of subjects in their struggle against their ruler. This type of transboundary aid is legitimate as soon as the body of subjects itself can be said to act as a public character and thus can be seen as a member of the world state. Finally, the members of the world state are demanded to protect the laws by which the world state is governed, that is the laws of nature and of mankind. And so, if any person, either a ruler or a ruled, sins against (one of) these laws, it is to the members of the world state to avenge these laws and to punish the offender.

6. Hugo Grotius

We leave the sixteenth century behind and enter the seventeenth when we turn to the

41 Didacus COVARRUVIAS Y LEVYA, *Regula, Peccatum de regulis iuris in VI*, 2.10.

important Dutch jurist Hugo Grotius (1583-1645), who hardly needs further introduction. In particular his work on the law of nations has been so influential, that for centuries scholars tended to overlook that important contributions had actually been made before him. But things have changed, and today scholars quarrel over the question to which sixteenth-century tradition Grotius is an heir, either the scholastic tradition of Vitoria and Suárez, or the humanist tradition of jurists such as Gentili.[42] Grotius devotes a separate chapter to our subject, 2.25 (On the causes of undertaking war on behalf of others, *De causis belli pro aliis suscipiendi*). But important elements of his argument can also be found elsewhere, notably in Prolegomena 24 and Chapter 2.20.[43]

Important for our subject is what Grotius says at the very beginning of Chapter 2.25: by the law of nature, each individual is not only justified in enforcing his own right, but also that of another person. Therefore, the causes which are just for a war on my own behalf (2.1.2), are also just for a war on behalf of others. This means, in the first place, that a ruler might rightfully undertake a war on behalf of his subjects or of a people under his protection, to which Grotius adds the restriction that, generally speaking, a ruler's duty concerns the whole rather than parts (2.25.2). Wars may also rightfully be undertaken by a ruler on behalf of his allies and friends and even, because of the mutual tie of kinship among men, on behalf of any person whatsoever (2.25.4-6). However, no man is bound to render aid to another if by doing so the danger to his own life is evident, for, says Grotius (2.25.7), he may prefer his own life and interest to those of others.

A special section of this Chapter (2.25.8) is devoted to the war for the defence of the subjects of another ruler. Grotius attributes to rulers an important role as the defenders of mankind and of the world as our common state. A wise ruler, says Grotius quoting Themistius in Prolegomena 24, is not only concerned about the nation which has been entrusted to him, but about mankind as a whole. A ruler is also responsible for the community that binds the whole human race. And so, if the wrong of one ruler towards his subjects is obvious, the exercise of the right vested in human society (*ius humanae societatis*) is not precluded (2.25.8.2).

We conclude that there is room for intervention in Grotius's theory, especially on religious grounds, and his approach comes very close to the one of Bodin. If granted that the subjects can not justifiably take up arms against their ruler even in cases of extreme tyranny, the power of a tyrannical ruler does not preclude the right of others to take up arms against him on behalf of the subjects (2.25.8.3). Grotius in the following section explicitly remarks that this kind of intervention is often connected

42 See TUCK, *Rights*, 78-108, especially 108. On Grotius see also HAGGENMACHER, *Grotius et la doctrine* and Grotius and Gentili; R.J. VINCENT, Grotius, Human Rights and Intervention in *Hugo Grotius and International Relations*, 241-256 (see also the *Introduction* by B. Kingsbury and A. Roberts, 1-64 at 38-42); GREWE, *Epochs*, 180-181 and 214-218 and R. Feenstra, in *Juristen, ein biographisches Lexikon*.

43 I used the edition Hugo GROTIUS, *De iure belli ac pacis libri tres*, (curavit B.J.A. de Kanter-van Hettinga Tromp, annotationes novas addiderunt R. Feenstra et C.E. Persenaire, adiuvante E. Arps-de Wilde), Aalen 1993 and the English translation of F.W. Kelsey from The Classics of International Law, Oxford/London 1925.

with the protection of innocent persons, which of course reminds us of what Vitoria had said a century earlier.

In fact, Grotius does not seem to add basic new elements to the problem of intervention, since what we read in this chapter is already familiar to us from what we have seen in the works of the authors mentioned above. I therefore agree with Wilhelm Grewe when he rejects the opinion of many, saying Grotius's theory of intervention is to be seen as the earliest expression of the principle of humanitarian intervention. However, I do not agree with Grewe's reasoning for this, i.e. that Grotius's theory 'was nothing other than the doctrine of religious intervention expressed in the language of natural law'.[44] Grewe based his conclusion on the fact that Grotius, from the multitude of examples available to him from Antiquity, has chosen a specific case of religious intervention to illustrate his theory. However, Grotius's remark on the protection of the innocent seems a reference to the Spaniards, and Grotius indeed refers to Vitoria a few paragraphs earlier (2.25.8.2). In my view, Vitoria had an eye on more than just religious intervention. For, if I am right, it were not the religious rituals themselves which could legitimise intervention in Vitoria's theory, but the defence of innocent people. Grewe, on the other hand, contends that both Vitoria and Grotius have only religious intervention in mind. I will deal with Grewe's interpretation of intervention in sixteenth-century thought in more details in my conclusion below.

Grotius makes an interesting contribution to our subject elsewhere. As Gentili before him, Grotius dwells on the discussion on the right of rulers, or even nations, to wage war in order to punish violations of the law of nature or the law of nations without the intention to defend the innocent, and in cases of violations by which they themselves were not injured (*IBP* 2.20.40; even the terms Grotius uses of remind us of Gentili: 'Truly it is more honourable (*honestius*) to avenge the wrongs of others rather than one's own', 2.20.40.1). Grotius thinks of violations of these laws, such as impiety towards one's parents, consuming human flesh, and piracy, as barbaric behaviour, bestial rather than human (2.20.40.3). In 2.20.40.4, he explicitly refutes the view of some Spanish authors, among them Vitoria, who required that he who wages war as a punishment has jurisdiction over the one he intends to punish.[45] For they are wrong, says Grotius, in their claim that the power of punishing is the effect of civil jurisdiction. Grotius holds that the power to punish violations of the law of nature is itself derived from the law of nature, the law by which the international community of states is still regulated.

[44] GREWE, *Epochs*, 180-181; compare the statement of H. LAUTERPACHT, The Grotian Tradition in International Law, *British Yearbook of International Law* 1946, 1-53 (reprinted in *Great Political Thinkers 7: Grotius*, vol. 1, 396-448) on page 46 (441) on *IBP* 2.25.8.2: '...this is the first authoritative statement of the principle of humanitarian intervention – the principle that the exclusiveness of domestic jurisdiction stops where outrage upon humanity begins'. Also challenging Lauterpacht's statement with regard to 'the first' is, for instance, Meron, Common Rights of Mankind. It has also been defended that Grotius can be seen as a non-interventionist, so Vincent, Grotius, 246-247.

[45] VITORIA, *De Indis* 2.16. Grotius endorsed the opinion of Innocent IV to be found in his comment on X 3.34.8, and rejected by Vitoria (see above). See on this especially HAGGENMACHER, Sur un passage obscur de Grotius.

Grotius's view on the right to punish these violations of the law of nature is based on a doctrine that is also defended by John Locke almost half a century later, and of which the latter remarks that to some men it will seem to be a 'very strange doctrine'. This doctrine claims that in the state of nature, i.e. in the period before people came to live in political communities, every individual had the right to punish violations of the law of nature in the interest of human society.[46] After the organisation of states and courts of law, this right of the individuals came into the hands of the rulers, not because they rule over others (for they do not, of course, rule – or, to use the terms of the Spaniards, have jurisdiction – over foreign people or rulers), but because they are not themselves subject to anyone. For, says Grotius, it is their subjection that has taken the natural right to punish away from those who live under a ruler. And therefore, those who are not subject to anyone not only have the right to punish their own subjects, but also have the natural right to punish violations of the law of nature by anyone all over the world.

Grotius next (2.20.44-51) turns to what in my view can be called religious intervention indeed, although Grotius himself emphasises the use of it for the human society as a whole. He first discusses whether or not war may be waged on account of crimes against God. He refutes the treatment of this question by Covarruvias (see above), although he admits that the argument that God will be able to punish these crimes Himself is a strong argument. Grotius emphasises the effects of these crimes on the human society and concludes that, since religion itself is of great use to society, those who deny the existence of a divinity and the care of this divinity for the affairs of men, may be punished in the name of the human society (*coerceri posse (...) nomine humanae societatis*, 2.20.46.4). He also maintains that a war waged to punish those who are impious to the God(s) they themselves believe in is just (2.20.51). However, the lack of other, less evident ideas of God, as for example that there is only one God and that none of the things we see is God, is not to be punished by men (2.20.47). Neither can war justly be waged against those who have shown to be unwilling to accept the Christian religion, for no one should be forced by (the threat of) punishments to receive the law of Christ (2.20.48). Also a war waged to punish those who have accepted the law of Christ, but err in the interpretation of the law can not be called just (2.40.50). On the other hand, a war waged to punish those who have shown cruelty to Christians for the sake of their religion alone, is just, because they have acted against reason, since there is nothing in the Christian teaching which could do harm

46 See GROTIUS, *De iure belli ac pacis* 2.20.7-9 and 2.20.40.1 and John LOCKE, *Two Treatises in Government*, 2.2.9; on this doctrine, see J.H. BURNS, Jus gladii and jurisdictio: Jacques Almain and John Locke in *The Historical Journal* 1983, 369-374. TUCK, *Rights*, 82 (and 103) says that we do find this doctrine in Hugo Grotius, *De Indis* (= *De iure praedae commentarius*, ed. H.G. Hamaker, The Hague, 1868, 91) but not in the *De iure belli ac pacis*. Since this part of *De Indis* can not have been known to Locke, Tuck concludes that '[t]his must count as one of the most striking examples of intellectual convergence'. However, what Tuck writes seems to hold good for the argument used in favour of that doctrine (how could it otherwise be possible that a state or ruler has a right to punish non-subjects), not for the doctrine itself (in the state of nature individuals have the right to punish violations of the law of nature). The doctrine can be found in both works of Grotius, the argument indeed does not appear in his *De iure belli ac pacis*.

to the human society, or rather, there is nothing in this teaching which is not beneficial to it (2.20.49).

My conclusion is that Grotius's outlines are the same as those of Gentili.[47] It is from the mutual tie of kinship among all men (the human society), and the picture of the world as a sort of state in which the rulers (or rather, in Grotius's words: in which those who are not subject to another ruler) are the participants, that Grotius derived his conclusions on the rights to intervene. I do not agree with Grewe's conclusions on Grotius's theory on the right of intervention, to which I will turn in more details below.

7. Conclusion

The question of intervention has been discussed, sometimes rather extensively, by all the sixteenth-century authors I have chosen to study on this subject. It is remarkable that of all the authors I have dealt with above, only the Spaniard Francisco de Vitoria, who lived in the first half of the century, considered at some length the position and role of both the Emperor and the Pope in this context; he concluded that the Emperor is not the lord of the world, and that the Pope only has temporal jurisdiction over Christians. The remaining authors either did not mention the Emperor or Pope at all, or seriously dwelled on the power of the Pope only, as did Ayala.

Most of the authors seem aware of today's main point of discussion on intervention, the violation of what we today might call the sovereign rights of the ruler or the autonomy of the state. They also seem to have been well aware that a wide arsenal of just causes or titles for intervention could give rise to abuses and would supply all rulers with the munitions to take up arms for their own benefit. They realised that transboundary help in many cases could be very advantageous for the one who renders aid. They would say, however, that abuses by some should not tempt us to reject the right of intervention all together. Furthermore, some of them, as for instance Gentili, considered the problem that the right of intervention would eventually make the intervening ruler judge in his own case. This could be especially problematic in cases where war is waged to punish violations of the law of nature or of mankind, as in Gentili's theory. But he accepted this as an inevitable shortcoming of something that is otherwise beneficial.

Generally speaking we can say there existed two lines of thought to legitimise intervention in the sixteenth century. The first line of thought is the main argument of the Spaniards. Intervention or, more generally, the use of force or the exercise of dominion over men, always requires either jurisdiction or a special title in order to be legitimate. There is no difference between the dominion of a legitimate ruler over his subjects and the use of power of one ruler over another in order to render aid to the subjects of the latter. Self-defence and the restitution or punishment of an injury to oneself are legitimate titles to wage war; God's command to love our neighbours functions as a title to wage war in order to defend the innocent and even more so to

[47] See also TUCK, *Rights*, 108; one should, however, not forget what Haggenmacher once wrote (HAGGENMACHER, 'Grotius and Gentili', 167): 'the "finished picture" of 1625 is not only superior to the "sketch" of 1598: it is of another kind'.

help those of the same faith. Although we do find traces of an international community of mankind in the works of the Spanish authors, their discussion on the right of intervention circled around the natural freedom from dominion on one side, and the individual human beings in need of protection on the other.

The theory of intervention of these Spanish late-scholastics, such as Vitoria and Suárez, is modern in the sense that it results in a principle of non-intervention with exceptions in special cases. This principle, however, is not a consequence of what we would call the sovereign rights of the ruler or of the state autonomy, but is an echo of the more general political principle based on their ideas of natural freedom, equality and independence. From this they concluded that a title or authorisation is always required in order to wield power over someone legitimately. They accepted rather broad exceptions on the principle of non-intervention based on God's commands to help one another and to love our neighbours. God has not given anybody the command or authorisation to avenge the injuries against Him all over the world. Although not unanimous,[48] these views were held generally among the Spaniards in the sixteenth (and the beginning of the seventeenth) century.

The other line of thought pictures the entire world as a kind of state, a community or commonwealth governed by a set of (divine, natural and/or human) laws. It is up to the rulers all over the world to ensure that these laws are observed, not only by the subjects within their own territory, but also outside their territory. If it were permissible to break these laws or if violations were not punished, the universal community or the world state would fall apart. Within this line of thought the French (Brutus and Bodin) saw the rulers obliged to God in the first place to respect and make others respect these laws, while jurists as Gentili and Grotius saw the rulers as the participants of this world state responsible for upholding these laws. These writers are concerned about the community or the commonwealth itself and the protection of the law by which it is governed. Since there was no supreme authority in the world state, it was for the rulers to fulfil this task, and to control and (eventually) to punish the offenders.

The jurists Gentili and Grotius thought in terms of legal rights and legitimacy of intervention as the Spaniards had done, rather than in terms of a moral obligation as Brutus and Bodin had done. They differed from the Spaniards on the right of rulers to punish violations of the law of nature and of nations all over the world. With emphasis they depicted the rulers – whether it is a single person, or the *respublica* itself – as the actors or participants within the universal world state. In their view it was up to these rulers to safeguard the world state, since there was no universal ruler to govern it and to uphold its (natural) laws.

As I have indicated before I do not agree with Wilhelm Grewe, according to whom in sixteenth-century thought there was no room for humanitarian intervention, but only for religious intervention. Did not, for instance, Vitoria and Brutus treat the

48 See for instance Alfonso DE CASTRO, *De iusta Haereticorum punitione libri tres* 2.14: *Prima igitur belli causa est idolatria (...)*. See also, on the discussion between Juan Ginés de Sepúlveda and Bartolomé de las Casas: M. GILLNER, *Bartolomé de las Casas und die Eroberung des indianischen Kontinents. Das friedensethische Profil eines weltgeschichtlichen Umbruchs aus der Perspektive eines Anwalts der Unterdrückten*, Stuttgart/Berlin/Köln, 1997, 175-254.

questions of the right of humanitarian and religious intervention separately and answer both in the affirmative? I think it is more accurate to say that for the sixteenth- and early seventeenth-century writers religious intervention was the most obvious form of intervention to think of, most likely because religious oppression was most often at hand. But they also defended that those who were not tied to the intervening ruler by a bond of religion, but only by the bond of humanity were entitled to his aid. Gentili, for instance, said that having no religion at all is inhuman; but the fact that a being adheres to some kind of religion, albeit a false one, shows that he is human and that he is tied to us by the bond of mankind. It is not his (false) religion that prompts us to render aid to this human being, but the fact that he is a *human* being. Gentili thought of religion as only one of the ties by which men are bound together, the first and most general being the stoic idea of the association of the human race. And when Grotius treated religious intervention, he focussed on the benefit it would bring to the human society.

Concerning Grotius, Grewe holds that the selection he made of examples from Antiquity when he was describing intervention, 'was not arbitrary, but performed with a clear and precise intention'.[49] In his view Grotius described the right of religious intervention. But Grewe can not deny that Grotius in 2.25.8 also mentioned the wrongs of the famous tyrants Busuris, Phalaris and Thracian Diomede (all of them killed by Hercules), as cases in which the right vested in human society was not precluded. And Grotius referred to Seneca, who wrote on the question of what to do with someone who 'not only delights in human blood, but feeds upon it; if he also exercises his insatiable cruelty in the torture of persons of all ages, and his frenzy is the result, not of anger, but of a certain delight in cruelty; if he butchers children before the eyes of their parents; if, not content with simply killing his victims, he tortures them, and not only burns, but roasts, them to death; if his castle is always wet with freshly shed blood'.[50] Besides, Grotius does not seem to have taken too much pains in selecting his examples, since all of them (Constantine against Maxentius and Licinius, other Roman Emperors against the Persians, Hercules against the tyrants and monsters, and the reference to Seneca) also appear in the Chapters 1.15 en 1.16 of Gentili's *De iure belli* on the same subject, the defence of the human race against the cruelties and unjust treatments of monstrous tyrants. Therefore, I simply take Grotius's examples of religious intervention as examples indeed of intervention, being the exercise of the right vested in human society.

Can sixteenth-century thought on intervention be of much use in the current discussion on this subject? It is for those working in the field of international law to answer this question; as a legal historian I can only hope to give some insight in what the sixteenth-century authors actually have had to say on the subject. Those living in the sixteenth century did not know of a UN Charter, a Security Council and an International Criminal Court. The fact that these institutions do exist today is of fundamental importance to both the line of thought of the Spaniards, who required jurisdiction or a special authorisation to intervene, and to the one of

49 GREWE, *Epochs*, 180.

50 SENECA, *De beneficiis* 7.19.9; translation of the Loeb-edition (Moral Essays 3).

Gentili and Grotius, who depicted the (national) rulers as the executors of the law of the world state in the absence of a higher authority.

SOUVERAINETE NATIONALE? 'ETAT NATION' ET DROIT DES GENS PENDANT LA REVOLUTION FRANCAISE

par

MARC BELISSA
(Paris X Nanterre)

1. Introduction

Souveraineté nationale, État-nation, droit des gens... Comment comprendre ces termes – et surtout leurs relations réciproques – pendant la période des Lumières et de la Révolution française ? Il me semble que la réflexion sur le concept d'État-nation dans sa dimension historique est capitale pour comprendre les relations entre souveraineté et droit international qui sont le sujet de ce livre. Or ce concept est abondamment utilisé dans l'historiographie de l'époque contemporaine, mais aussi de l'époque moderne, ce qui me semble plus problématique. Autant que celui d'État-nation, le concept de 'relations internationales' plaqué sur l'époque moderne est de toute évidence anachronique et ne permet pas de comprendre les structures des relations entre les États aux seizième, dix-septième et dix-huitième siècles. Peut-on parler de relations internationales alors que justement les 'nations' ne participent presque jamais dans l'Europe moderne à l'élaboration de la politique 'extérieure'? Peut-on parler d'État-nation à l'époque moderne alors que la forme étatique dominante est la 'monarchie composite'? Au dix-huitième siècle, les relations entre les peuples et entre les États sont encore caractérisées par des structures très différentes de celles qui régissent les relations internationales aujourd'hui. En ce début de cette nouvelle siècle, il est désormais possible de faire une histoire non-nationaliste des relations entre les peuples dans laquelle l'histoire du droit des gens doit trouver toute sa place. Comme le dit Armitage dans un article de *Past and Present*: le problème posé à l'historiographie est d'analyser l'importance de l'apparition des État-nation dans le processus historique sans pour autant croire que les nations sont immémoriales ou que les États sont figés.[1] Il faut donc historiser nos instruments d'analyse.

1 D. ARMITAGE, Making the Empire British: Scotland in the Atlantic World 1542-1717, *Past and Present* 1997, 34-63.

2. L'État-nation est-il une création de la Révolution francaise?[2]

Les premiers historiens de la Révolution française posaient comme postulat qu'elle avait réalisé l'association État-nation sous la conduite de la bourgeoisie. La Révolution ne se justifiait que parce qu'elle était l'origine de l'État-nation. Il convient sans aucun doute de remettre en cause ce postulat.

Qu'est-ce que la revendication de l'État-nation ? C'est l'idée que les aspirations nationales, le sentiment national, ne peuvent se réaliser que dans le cadre d'un État particulier, délimité par des frontières défendues par une armée nationale. C'est également l'illusion que les obstacles à la réalisation des potentialités nationales se situent en dehors de la nation elle-même. Comme l'écrit Jean-Yves Guiomar, le 'principe des nationalités' postule que la 'domination dont il s'agit de se libérer est exclusivement vécue comme issue d'une conquête, posée comme le fait d'une puissance étrangère, qui, pour ses intérêts propres, entrave toute expression du génie national'.[3] L'État-nation, culturellement homogène, soudé autour d'une conception commune de son identité, est une fiction.[4] Les prétendus État-nation du dix-neuvième siècle sont des États dans lesquels les populations, les langues sont loin d'être homogènes et qui, de surcroît, sont souvent colonialistes.

Pour Guiomar, [5] la Révolution française, dans sa phase ascendante, a réalisé non pas l'association État-nation, mais celle de la patrie et de la nation. La patrie, c'est le lieu dans lequel sont garantis les droits de l'homme. Il n'y a pas d'identité entre conception révolutionnaire de la patire et ethno-nation. Contrairement à l'État-nation qui tend au chauvinisme et à l'exclusivisme, l'association patrie-nation n'est en rien incompatible avec une conception universaliste de la citoyenneté. En revanche, le nationalisme tend à isoler les État-nation les uns des autres: c'est, selon le *Petit Robert*, l'exaltation du sentiment national 'accompagné parfois de xénophobie et d'une volonté d'isolement' ; c'est aussi la subordination de la politique intérieure 'au développement de la puissance nationale' et la revendication du 'droit d'affirmer à l'extéreiur cette puissance sans limitation de souveraineté'. Ce nationalisme-là est une création du dix-neuvième siècle, même si certains courants révolutionnaires ne sont pas totalement étrangers à cette définition.

C'est la guerre de conquête napoléonienne qui provoque l'apparition d'États 'caractérisés par une forte association État-nation, ce qui mettra en évidence que, en dépit des visées premières de ses promoteurs, le principe des nationalités est en définitive au service de l'État'.[6] C'est en réaction à la Sainte-Alliance que se constitue le couple nationalisme-démocratie dans les mouvements patiotiques du dix-neuvième siècle. L'échec du 'printemps des peuples' marque un tournant dans

[2] Je reprends ici des éléments de problématique de mon ouvrage *Fraternité Universelle et Intérêt National, 1713-1795. Les cosmopolitiques du droit des gens*, Paris, 1997, 15.

[3] J.Y. GUIOMAR, Le nationalisme face à la démocratie, dans *Une histoire de la démocratie en Europe*, ed. A. de Bacque, Paris, 1991, 57.

[4] C. TILLY, *Les Révolutions européennes 1492-1992* (Faire l'Europe), Paris, 1993, 70.

[5] GUIOMAR, *Nationalisme*, 52.

[6] GUIOMAR, *Nationalisme*, 61.

les rapports entre 'nationalisme' et 'démocratie' et ouvre la voie à la dérive nationaliste de l'association État-nation. Charles Tilly écrit à ce sujet: 'le nationalisme impulsé par l'État a créé le nationalisme aspirant à un État'.[7] La Révolution des droits de l'homme n'est donc pas l'origine du nationalisme.

Pourtant, pour une grande partie de l'historiographie, le couple Révolution française/État-nation va de soi. L'idée nationale serait l'idée révolutionnaire par excellence, elle ne pourrait qu'avoir pour fin la construction d'un État national défini par ses frontières, ses institutions, son *Volkgeist.*

3. Souveraineté particulière et droit naturel des gens

Lorsqu'on étudie de près les théories politiques des Lumières dans ce domaine,[8] on se rend compte que l'idée de construction d'un État-nation au sens contemporain du terme est singulièrement absente des 'programmes' des hommes des Lumières. Pour la partie la plus radicale du mouvement philosophique, l'ordre européen, fruit de la réaction des États aux tentatives successives de 'monarchie universelle' et de l'équilibre des puissances, s'est progressivement transformé en un système d'oppression des peuples. Les espoirs placés par la première génération des Lumières dans une extension de la paix, provoquée par la permanence des relations diplomatiques, se sont révélés illusoires. Ce système, marqué par la contradiction dialectique entre l'ordre privé des monarques et l'ordre public des puissances, est en passe de se désagréger. Face à cet enjeu, deux solutions sont préconisées: l'une est l'idée fédéraliste défendue par la tradition héritée de Montesquieu, l'autre est une 'rationalisation' de l'espace politique des puissances. Les petits États doivent laisser la place à des 'grandes masses', susceptibles de donner une nouvelle stabilité au système de l'Europe. Mais ces grandes masses ne sont pas conçues comme des État-nation. Ce qui est déterminant dans ces projets de redécoupage de l'Europe, c'est le jeu réciproque des États pas l'adéquation, les rapports entre l'État et la Nation.

De même, le concept de souveraineté absolue est soumis à la critique. La quasi-totalité des philosophes et des publicistes des Lumières admet que la souveraineté particulière d'une société humaine reste soumise à une loi plus élevée que celle des hommes: le droit positif des conventions et des traités est donc soumis aux impératifs de la loi morale, du droit naturel et du droit des gens qui n'est que le droit naturel appliqué aux relations entre les sociétés humaines. Que signifie le 'droit des gens' pour un homme de 1789 ? Le sens courant a retenu la définition de Hugo Grotius de droit positif de la guerre et des ambassades, mais cette caractérisation restreinte ne saurait satisfaire les philosophes qui considèrent que c'est là le résultat d'un glissement sémantique abusif. La plupart d'entre eux admettent une forme de transcendance du droit des gens. Elle se manifeste chez beaucoup de 'patriotes' par l'idée de subordination de la souveraineté particulière et de l'amour de la patrie au droit naturel et à la souveraineté du genre humain.

7 TILLY, *Révolutions,* 91.
8 Voir BELISSA, *Fraternité Universelle*, première partie.

C'est ce qu'explique Mably, par exemple dans ses *Entretiens de Phocion* de 1763. Dans ce texte, Mably met en scène un dialogue entre Aristias, un jeune Athénien, et Phocion. A Aristias qui lui demande s'il peut exister une vertu qui soit supérieure à l'amour de la patrie, Phocion répond que l'amour de la patrie n'est pas l'une des vertus *premières* nécessaires à la société:

L'amour de la patrie, s'il n'est pas enté sur d'autres vertus, ne produira point les miracles que vous imaginez. [...] J'en suis fâché pour vous, mon cher Aristias, il en est de l'amour de la patrie comme de l'économie, de la générosité, etc. Soumis comme elles à une vertu supérieure, il doit, comme elles, lui obéir, ou ses erreurs, loin de servir la République, en précipiteront la décadence. Cette vertu supérieure à l'amour de la patrie, c'est *l'amour de l'humanité*. Étendez votre vue mon cher Aristias, au-delà des murailles d'Athènes. Est-il rien de plus opposé à ce bonheur dont nous recherchons le principe, que ces haines, ces jalousies qui divisent les nations ? [...] Si elle leur ordonne de s'aimer, comment la politique serait-elle sage en voulant que l'amour de la patrie portât les citoyens à rechercher le bonheur de leur République dans le malheur de ses voisins ?[9]

Sans l'amour de l'humanité, l'amour de la patrie n'est qu'un 'comportement aveugle et injuste, qui produit une grande partie des malheurs dont l'humanité est affligée'. Pourtant, jusqu'ici, les législateurs ont été plus occupés à inspirer l'amour de la patrie, 'à l'étendre, à lui donner des forces qu'à connaître les *bornes que la raison lui assigne*, ou plutôt la manière dont la raison doit la diriger et la gouverner'. La 'politique' des souverains de l'Europe, 'loin de travailler à la prospérité d'un État, en hâte la décadence et la ruine si elle ne regarde pas l'amour de l'humanité comme une vertu supérieure qui doit régler et diriger l'amour de la patrie'.[10]

Les révolutionnaires français de la fin du dix-huitième siècle héritent de cette réflexion et tentent de construire pratiquement de nouvelles relations entre les peuples rompant avec les pratiques de l'Ancien régime. Le concept de souveraineté est évidemment au centre des débats.

4. État-nation ou cosmopolitique de la liberté?

Comment les révolutionnaires résolvent-ils la contradiction dialectique qui existe entre la souveraineté populaire et la fraternité universelle ?

Les acteurs de la Révolution ne se sont pas contentés d'affirmer le droit de tout peuple à se constituer en société civile, ils ont également réfléchi à la réciprocité de ce droit à l'intérieur du genre humain, et à la réalisation de ce que Florence Gauthier et moi-même appelons la 'cosmopolitique de la liberté', c'est-à-dire la 'constitution conjointe de la *polis* et de la *cosmopolis*'.[11] Ce débat révèle des divergences sur la nature des relations de droit à construire entre les peuples. Le 'cosmopolitisme' n'est pas monolithique, la 'fraternité universelle' ne relève pas

9 MABLY, Entretiens de Phocion, dans *Œuvres complètes*, Paris, an III, tome 10, 148-149 et 152.

10 MABLY, Entretiens.

11 F. GAUTHIER, *Triomphe et mort du droit naturel en révolution*, Paris, 1992, 153.

d'une théorie unique, mais elle recouvre au contraire des contenus très divers. De 1789 à 1791, ces conceptions de la cosmopolitique se cristallisent et se combinent de manière complexe.

La 'constitution conjointe de la *polis* et de la *cosmopolis*' implique de définir la nature des liens de droit à construire entre les peuples. Les réponses théoriques des révolutionnaires ne se limitent pas à la revendication d'un espace 'international', dans lequel chaque peuple isolé investirait son État-nation du devoir de réaliser son avenir indépendamment des autres peuples; elles ne se résument pas non plus à la vague proclamation d'une 'fraternité universelle' sans conséquence pratique, ni à la formulation d'un 'droit des peuples à disposer d'eux-mêmes'. C'est *l'idée fédérative*, héritée des débats du siècle des Lumières, qui domine dans le discours révolutionnaire entre 1789 et 1791. Mais le contenu réel de cette 'fédération des peuples' est différent selon les sensibilités. Les uns souhaitent une 'alliance des peuples libres', d'autres veulent la rupture de tous les liens diplomatiques comme préalable à la constitution d'une *Confédération générale des peuples* contre la 'ligue des despotes'. Un troisième courant désire privilégier la construction du territoire national par la 'réunion' des peuples enclavés et par une confédération avec les nations voisines. Ces trois approches se manifestent en particulier dans le débat sur l'intégration de la Corse et surtout dans celui sur la réunion d'Avignon en 1790-1791.

Ni le 'côté droit', ni le 'côté gauche' de l'Assemblée constituante ne réfléchissent dans le cadre de l'État-nation. L'objectif des premiers n'est pas l'édification d'un État-ethnos, mais la constitution d'une puissance mondiale colonialiste, ce qui est bien contradictoire avec l'idée d'une nation fondée sur l'association volontaire. Les partisans d'une cosmopolitique de la liberté qui siègent sur le côté gauche de l'Assemblée ne se posent pas non plus la question de l'édification de l'État, mais celle de la garantie des droits dans la société civile; or, celle-ci peut parfaitement se concevoir au sein d'une confédération de peuples souverains. La confédération des peuples est même, pour certains révolutionnaires, une condition indispensable à cette garantie, en particulier pour les nations qui ne peuvent se défendre seules, face aux menées ambitieuses des puissances.[12] La confédération présente des avantages stratégiques et économiques indéniables: c'est la solution la plus simple pour jouir des droits.

On a trop souvent confondu sentiment national et volonté de construction d'un État-nation. Les révolutionnaires ont plutôt privilégié le contenu de ce que l'on pourrait appeler une 'autodétermination dans ses aspects politiques, sociaux et économiques'.[13] Yves Benot remarquait dans *La Révolution française et la fin des colonies* que dans la pensée des Lumières, l'indépendance des colonies n'était pas conçue comme une séparation pure et simple, mais comme un préalable à

[12] Le topos de la fragilité militaire des Républiques et de la nécessité des fédérations à l'image de la Suisse ou des Provinces-Unies vient en droite ligne de Montesquieu. La forme fédérative permet d'éviter le despotisme à l'intérieur par la garantie mutuelle des droits et elle protège des despotes extérieurs.

[13] D. GHISONI, Problématique et enjeux, dans *Le bicentenaire et ces îles qu'on dit françaises*, Bastia/Paris, 1989, 11.

l'instauration de relations fraternelles de développement.[14] Il écrit un peu plus loin: 'le lien fédératif n'est pas une séparation, mais la refondation d'une liaison qui exclut le despotisme chez les deux partenaires'.[15] Cette remarque peut s'étendre au-delà de la question des colonies, elle s'applique à la manière dont certains révolutionnaires concevaient le lien fédératif entre tous les peuples. Précisons que cette forme particulière 'd'autodétermination' reposait sur les liens de la réciprocité du droit des gens, c'est-à-dire sur 'la cosmopolitique de la liberté'.

Pourtant, il existe bien certains courants révolutionnaires qui envisagent la question de la souveraineté de manière exclusivement nationale et étroite et qui refusent l'idée que la France régénérée possède des devoirs envers le genre humain, ou qui nient même l'idée de subordination de la souveraineté nationale à la souveraineté du genre humain, mais c'est surtout à partir de 1793 et de l'échec de la guerre de conquête girondine que ces courants se manifestent. On retrouve les deux approches évoquées plus haut dans le débat constitutionnel de 1793.[16] Pour le dirigeant girondin Vergniaud ou pour Carnot, l'idée de subordination de la souveraineté nationale au droit naturel des gens est absurde, car il y a une discontinuité entre l'état de nature et l'état social: le droit naturel ne s'applique pas aux relations entre les sociétés humaines. Pour François Robert, un député proche des Girondins, il ne s'agit pas 'd'examiner l'humanité sous tous ses rapports', car les représentants français ne sont pas ceux du genre humain. La tâche de la Convention n'est pas de proclamer les droits des nations, mais d'élaborer *une déclaration des droits des citoyens français*. Il demande aux députés d'oublier l'univers et de fermer leur cœur à tout sentiment étranger à la patrie. Il ajoute: 'je veux cette espèce *d'égoïsme national* sans lequel nous trahirons nos devoirs'.[17] Robert assène: 'J'aime tous les hommes, spécialement les hommes libres, mais j'aime mieux tous les hommes libres de France que tous les autres hommes'. S'il n'existe pas de droit naturel supérieur au droit civique, alors l'exercice de la souveraineté nationale est illimité. Dans une note dc son projet du mois de mars, Carnot défend l'idée que le salut de l'État passe avant toute considération morale, car 'il est dans la nature de tout être sensible de placer son intérêt propre avant tous les autres intérêts'.[18] Pour illustrer son propos, il évoque l'hypothèse d'une guerre dans laquelle la France pourrait s'emparer d'un territoire ennemi. Dans ce cas, l'application stricte du principe 'ne fais pas à autrui...' serait une trahison de l'intérêt propre de la nation. Le salut de l'État étant supérieur à toute considération éthique, les sociétés sont juridiquement *isolées*. L'article 2 de son projet affirme: 'Chaque peuple a le droit de s'isoler et de se rendre indépendant de toute société'. Le seul lien juridique entre elles est alors le droit positif des traités.

14 Y. BENOT, *La Révolution et la fin des colonies*, Paris, 1987, 24.
15 BENOT, *Révolution.*
16 Je n'indique ici que les grandes lignes de ce débat, pour une présentation plus détaillée, voir M. BELISSA,Le Droit des Gens dans le débat constitutionnel de 1793, dans *l'An I et l'apprentissage de la démocratie*, Paris, 1995.
17 *Archives parlementaires de 1787 à 1860* (Recueil complet des débats législatifs et politiques des Chambres françaises), tome 63, 385, souligné par nous.
18 *Archives parlementaires,* tome 62, 336.

Le club des Jacobins prend en revanche position pour l'idée de souveraineté nationale limitée par le droit des gens. L'idée est reprise dans le rapport de Romme le 17 avril 1793. Il réaffirme la subordination de la souveraineté nationale à la 'justice éternelle', car celle-ci est 'plus souveraine encore'.[19] Dans son discours sur la déclaration des droits, l'une des trois critiques adressées par Robespierre au projet du comité de constitution concerne la question de la fraternité universelle: 'Le comité a oublié de rappeler les devoirs de fraternité qui unissent tous les hommes et toutes les nations, et leur droit à une mutuelle assistance. Il paraît avoir oublié les bases de l'éternelle alliance des peuples contre les tyrans. On dirait que votre déclaration n'a été faite que pour un troupeau de créatures humaines parquées sur un coin du globe, et non pour l'immense famille à laquelle la nature a donné la terre pour domaine et pour séjour'.[20] Les articles proposés par Robespierre se situent dans la continuité du 'patriotisme' des Lumières:

Les hommes de tous les pays sont frères, et les différents peuples doivent s'entraider selon leur pouvoir, comme les citoyens d'un même état. Celui qui opprime une nation se déclare l'ennemi de toutes. Ceux qui font la guerre à un peuple pour arrêter les progrès de la liberté et anéantir les droits de l'homme doivent être poursuivis par tous, non comme des ennemis ordinaires, mais comme des assassins et des brigands rebelles. Les rois, les aristocrates, les tyrans, quels qu'ils soient, sont des esclaves révoltés contre le souverain de la terre, qui est *le genre humain*, et contre le législateur de l'univers, qui est la *nature.*[21]

Les peuples ont un devoir d'entraide, constituant une 'alliance objective' contre les tyrans qui sont les *ennemis collectifs* du genre humain. Les despotes 'sont tous ceux qui s'opposent par différents moyens (mépris, oppression nationale, conquête, despotisme) au processus de reconquête des droits naturels'.[22] Robespierre subordonne l'exercice de la souveraineté populaire au primat du droit naturel universel. 'La civilité prend alors une dimension cosmopolitique ; celle-ci doit être mise en œuvre pour réaliser le droit naturel et établir un état de paix à l'échelle mondiale'.

La déclaration du droit des gens de Grégoire, proposée le 18 juin, se fixe elle aussi pour objectif la construction d'une société civile des nations fondée sur le droit des gens.[23] L'article premier affirme: 'Les peuples sont entre eux dans l'état de nature, ils ont pour lien la morale universelle', et l'article 5 ajoute: 'l'intérêt particulier est subordonné à l'intérêt général de la famille humaine'. Par conséquent, 'un peuple n'a pas le droit de s'immiscer dans le gouvernement des autres' et 'les entreprises contre la liberté d'un peuple sont un attentat contre tous les autres'.

19 *Archives parlementaires* tome 62, 267.

20 Robespierre, *Œuvres complètes*, Paris, 1914-1967, tome 9, 455-456.

21 Robespierre, *Œuvres choisies*, Paris, 1973, tome 2, 140.

22 GAUTHIER, *Triomphe et mort du droit naturel...*, 139-140.

23 La déclaration de Grégoire ne se trouve pas dans les *Archives parlementaires.* Elle est reproduite par L. CHEVALLEY, *La déclaration du droit des gens de l'abbé Grégoire*, Le Caire, 1912.

5. Conclusion

Ces quelques exemples que l'on pourrait multiplier, suffisent, je pense, à prouver que la réflexion des révolutionnaires sur la souveraineté ne se limite pas au cadre national, mais qu'elle a toujours intégré la dimension cosmopolitique fondée sur le droit des gens. En centrant son analyse sur le 'droit des peuples à disposer d'eux-mêmes' et sur la construction de l'État-nation, l'historiographie a considérablement réduit l'étendue du débat sur la cosmopolitique de la liberté pendant la Révolution française. Elle n'a pas vu que plusieurs stratégies politiques étaient à l'œuvre. La 'fraternité universelle' est un concept insuffisant pour décrire la variété des solutions apportées dans le débat révolutionnaire à la question des relations entre les peuples. La bienveillance générale envers l'espèce humaine peut se révéler être une conception sans contenu politique effectif. Il n'en est pas de même avec la cosmopolitique qui est nourrie par l'idée de la réalisation du droit entre les société civiles. Face à l'enjeu que constitue la construction de l'espace de la souveraineté et ses rapports juridiques avec les autres peuples, le mouvement patriote propose deux réponses fondamentales. La première est la confédération des peuples. Elle se présente comme la réponse alternative à la politique de puissance, défendue à la fois par l'Ancien Régime et par ses héritiers bourgeois. La confédération des peuples permet la construction simultanée de l'espace de la souveraineté et d'un espace 'politique' public. Elle offre 'la possibilité d'édifier un pouvoir non-oppresseur, [...] la possibilité aussi d'échapper au piège d'un pouvoir enfermé dans ses frontières et condamné à la balance entre la politique d'équilibre et d'hégémonie de l'Ancien Régime'.[24] La seconde réponse est celle de la puissance nationale, au sein d'un territoire rendu homogène par l'élimination des enclaves et la réunion des peuples dont la langue ou les mœurs sont considérées comme proches de celles des Français.

De 1789 à 1795, ces deux grandes approches s'opposent, se confrontent et se recomposent selon le contexte militaire et politique. Un tournant se manifeste en 1795 avec la fin de la guerre défensive, l'invasion des Provinces-Unies et l'annexion de la Belgique. La perspective de rapports entre les peuples fondés sur la 'politique morale' passe au second plan du discours: elle sert désormais de toile de fond rhétorique à un projet de puissance qui n'est plus celui des rois, mais celui de la Grande Nation et bientôt de l'Empire.

[24] GUIOMAR, *Nationalisme*, 94.

TABLE OF CONTENTS